C.H.BECK WISSEN

«Es wurde beschlossen, dass Gelb für Dreieck, Blau für Kreis und Rot für Quadrat die entsprechende elementare Farbe sei und zwar ein für allemal.»

(Oskar Schlemmer)

Wassily Kandinsky ordnete in seiner Zeit als Lehrer am Bauhaus den drei Grundfarben Rot, Gelb und Blau assoziativ die Formen Quadrat-Dreieck-Kreis zu und entwickelte damit ein System, das werbewirksam zu einer Art Bauhaus-Signet wurde. Winfried Nerdinger geht kenntnisreich auf die zentralen Ideen und die Form der Lehre am Bauhaus ein und stellt anschaulich die wichtigsten Personen und Produkte sowie die politischen und ökonomischen Zusammenhänge vor.

Winfried Nerdinger war Professor für Architekturgeschichte und Direktor des Architekturmuseums der TU München sowie Gründungsdirektor des NS-Dokumentationszentrums München.

Winfried Nerdinger

DAS BAUHAUS

Werkstatt der Moderne

Verlag C.H.Beck

Mit 34 Abbildungen

1. Auflage 2018
2., durchgesehene Auflage. 2019
3., aktualisierte Auflage. 2019

4., durchgesehene Auflage. 2023

Originalausgabe

www.chbeck.de
Satz: Fotosatz Amann, Memmingen
Druck und Bindung: Druckerei C.H.Beck, Nördlingen
Umschlagentwurf und Abbildung: Uwe Göbel, München (Original 1995, mit Logo), Marion Blomeyer (Überarbeitung 2018)
Printed in Germany
ISBN 978 3 406 80474 8

myclimate
klimaneutral produziert
www.chbeck.de/nachhaltig

Inhalt

Vorwort

Die Reformschule, die Walter Gropius aus der Verbindung der Großherzoglich-Sächsischen Hochschule für Bildende Kunst und der Kunstgewerbeschule als «Staatliches Bauhaus» 1919 in Weimar gründete, musste 1925 aus politischen Gründen schließen. Sie zog nach Dessau um, wo sie als «Hochschule für Gestaltung» eine städtische Einrichtung wurde und einen zeichenhaften Neubau erhielt. 1928 übernahm Hannes Meyer als zweiter Direktor das Bauhaus, er musste jedoch schon 1930 aufgrund parteipolitischer Interessen das Amt wieder aufgeben. Als dritter Direktor erhielt Ludwig Mies van der Rohe die Leitung, aber 1932 kam es auch in Dessau zur Schließung der angefeindeten Einrichtung. Daraufhin verlegte Mies das Bauhaus als private Institution nach Berlin, und dort erfolgte im Frühjahr 1933 das endgültige Aus durch die Nationalsozialisten, die seit Jahren die Einrichtung als «kulturbolschewistisch» bekämpft hatten.

Die Schule existierte somit nur 14 Jahre, genauso lang wie die Weimarer Republik, hatte insgesamt nur 1253 Schüler, wechselte zweimal den Ort und zweimal den Direktor und hinsichtlich des Lehrkonzepts sowie der Ausbildung zerfällt sie entsprechend den dominanten Führungspersönlichkeiten – Johannes Itten, Gropius, Meyer und Mies van der Rohe – in vier völlig unterschiedliche Phasen mit zum Teil konträren Zielsetzungen. Obwohl sich das Bauhaus somit historisch als ein relativ kurzlebiges, stark heterogenes und vielgestaltiges Gebilde darstellt, ist es als Begriff und Synonym für ornamentlose, sachliche Gestaltung aller Lebensbereiche, für funktionales, geometrisch strukturiertes Produktdesign sowie ganz generell für moderne Architektur in die Geschichte eingegangen. Diese Bedeutung basiert zum einen darauf, dass in den Bauhaus-Werkstätten erfolgreich daran gearbeitet wurde, Modelle und Produkte für eine industrialisierte, mobile und internationale Welt zu schaffen, und dass diese Arbeit von einigen der bedeutendsten Künstler der Zeit, wie Paul Klee, Wassily Kandinsky und Oskar Schlemmer, gestalterische Impulse erhielt. Zum anderen verhalfen das Bestreben, allen Produkten ein wiedererkennbares Erscheinungsbild zu geben sowie eine intensive Vermarktung frühzeitig zu einer Breitenwirkung. Schon in den 1920er-Jahren sprach man aufgrund einiger Erkennungszeichen, wie der Reduktion auf Grundformen und -farben, vom «Bauhausstil». Entscheidend für den historischen Erfolg waren dann die Wirkung von einigen nach der Schließung 1933 emigrierten Lehrern und Schülern in anderen Ländern sowie die Übernahme des am Bauhaus entwickelten Vorkurses an vielen Akademien und Architekturfakultäten weltweit.

Insbesondere Gropius und Mies van der Rohe konnten über ihre Bauten und ihre Lehrtätigkeit in den USA großen Einfluss entfalten, allerdings verdünnten sich die Ideen des historischen Bauhauses während der Rezeption und Verbreitung zunehmend auf eine pragmatische funktionale Gestaltung im Dienst ökonomischer Interessen. Damit war das Bauhaus international leicht zu vereinnahmen, aber mit der seit dem letzten Drittel des 20. Jahrhunderts wachsenden Ablehnung einer von Tradition und Geschichte abgelösten Gestaltung geriet es als Exponent und Inbegriff einer rigoros vertretenen Vorstellung von Modernität auch zunehmend in die Kritik. Dieser negativen Entwicklung steht die seit den 1950er-Jahren betriebene Mythisierung des Bauhauses als Höhepunkt der «Goldenen Zwanziger Jahre» sowie die mediale Vermarktung als deutscher Kulturexport in die Welt gegenüber. Zwischen Mythisierung und Demontage des Bauhauses kann nur eine sachliche, faktenbasierte historische Analyse der künstlerischen, pädagogischen, politischen, ökonomischen und sozialen Konzepte und Interessen der historischen Bedeutung der Reformschule gerecht werden.

Wege zum Bauhaus-Manifest

Im Mai 1919 ließ der Architekt Walter Gropius, der soeben zum Leiter des von ihm neu gegründeten Bauhauses berufen worden war, etwa 2000 Exemplare eines Manifests verschicken und in Zeitschriften beilegen, das Konzeption und Leitideen der Schule bekannt machen und Studierende an die Einrichtung nach Weimar bringen sollte. Das vierseitige Faltblatt, dessen Auftakt ein ganzseitiger Holzschnitt mit einer kristallinen, dreitürmigen Kathedrale des Malers Lyonel Feininger bildet, ist ein ambivalentes Dokument (Abb. 1). Es handelt sich um einen pathetisch formulierten Aufruf für die Gestaltung einer zukünftigen Welt, aber das beschworene Einheitskunstwerk, die «Zukunftskathedrale», soll rückwärts gewandt aus dem Geist einer mittelalterlichen Arbeitsgemeinschaft geschaffen werden: «Architekten, Bildhauer, Maler, wir alle müssen zum Handwerk zurück! [...] Bilden wir also eine neue Zunft der Handwerker ohne die klassentrennende Anmaßung, die eine hochmütige Mauer zwischen Handwerkern und Künstlern errichten wollte! Wollen, erdenken, erschaffen wir gemeinsam den neuen Bau der Zukunft, der alles in einer Gestalt sein wird: Architektur und Plastik und Malerei, der aus Millionen Händen der Handwerker einst gen Himmel steigen wird als kristallenes Sinnbild eines neuen kommenden Glaubens.»

Das Gründungsmanifest der Schule, die seit der Mitte des 20. Jahrhunderts geradezu synonym für visuelle Modernität steht und bis heute von größtem Einfluss auf Design und Erziehung ist, blickt zurück auf eine romantisch idealisierte mittelalterliche Vergangenheit und beschwört eine Glaubensgemeinschaft, die sich auf handwerklicher Basis ein architektonisches Sinnbild ihrer Einheit errichten soll. Diese Zwiespältigkeit ist darin begründet, dass das Manifest auf einer seit Langem andauernden Auseinandersetzung mit den Folgen der Industrialisie-

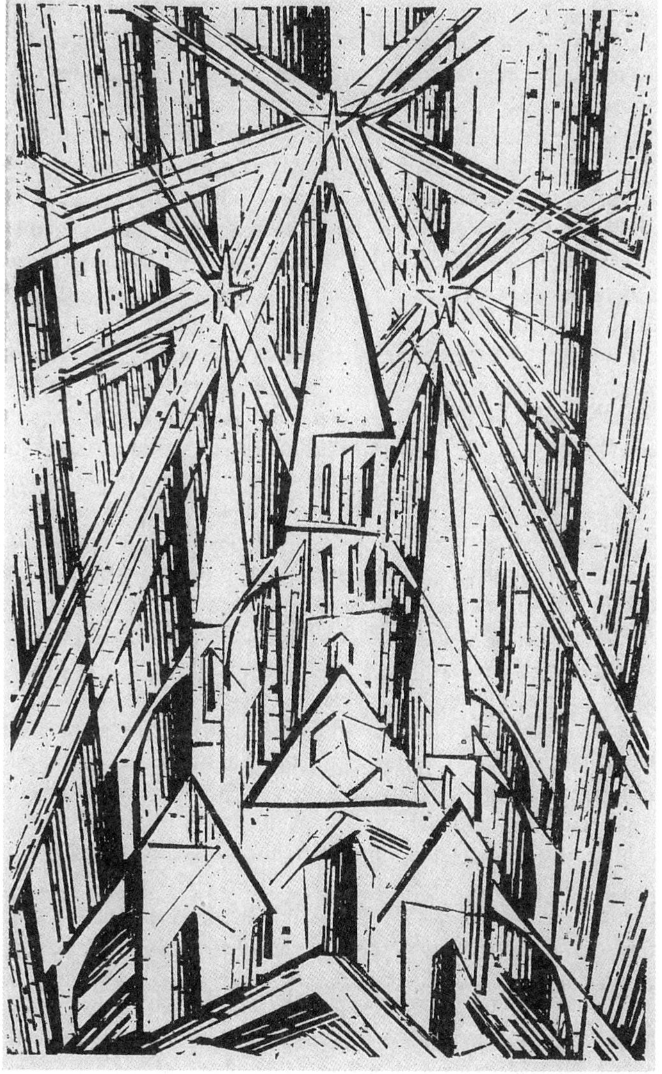

1 – Lyonel Feininger, Titelholzschnitt für das Manifest und Programm des Bauhauses, 1919

rung basiert, dass es aber in der aufgeladenen Atmosphäre der Revolutionsmonate nach dem Ersten Weltkriegs entstand, in deren radikaler Aufbruchsstimmung sich die seit Jahrzehnten entwickelten Reformideen mit phantastischen, expressiv überhöhten Idealen von Befreiung und Rückkehr zum Handwerk, von neuer Gemeinschaft und Schaffung eines Einheitskunstwerks mischten. Diese Zwiespältigkeit führte dazu, dass die Konzeption wie auch zahlreiche Leitideen in den folgenden 14 Lebensjahren der Schule nach und nach verändert, beziehungsweise den sich ändernden Bedingungen sowie einem zweimaligen Wechsel der Direktion immer wieder neu angepasst und umformuliert werden mussten, so dass am Ende nur noch wenig vom ursprünglichen Konzept erkennbar war.

Die spezifische historische Situation bei der Entstehung des Manifests und der Gründung der Schule erklärt auch, dass sich in der Anfangsphase des Bauhauses erst vieles entwirren und konsolidieren musste. In der Auseinandersetzung zwischen expressionistisch revolutionärer Befreiungssehnsucht und mittelalterlichem Handwerksideal, zwischen individualistischer Entfaltung künstlerischer Potenziale und dem Wunsch nach einer Einheit von Kunst und Leben und der Erziehung eines neuen Menschen sowie unter dem Einfluss der Ideen des russischen Konstruktivismus und der holländischen De Stijl-Bewegung entstand erst nach einer etwa dreijährigen Gärungsphase und mit entsprechenden Änderungen der Satzung und des Unterrichts eine Schule, deren Arbeiten sich einem einheitlichen künstlerischen Ausdruck in dem von Gropius immer wieder gesuchten und geforderten Sinne annäherten. Die Reformimpulse, die zur Gründung des Bauhauses geführt hatten, konnten sich von nun an entfalten. Bis dahin waren divergierende Experimente am Bauhaus entstanden, aber nicht «Bauhaus-Arbeiten».

Das Bauhaus kann am besten als Reformschule definiert und verstanden werden, als Ort, an dem die seit Beginn der Industrialisierung entwickelten Ideen und Konzepte zum Umgang mit den Problemen der maschinellen Massenproduktion, der Urbanisierung und Massengesellschaft experimentell und pädagogisch verarbeitet und weiterentwickelt wurden. Eine Kritik an den massenhaft produzierten und schlecht gestalteten Maschinenprodukten sowie wegweisende Vorschläge für eine Behebung dieser Probleme lieferte bereits der Architekt Gottfried Semper in seiner im Anschluss an die Londoner Weltausstellung 1851 verfassten Denkschrift «Wissenschaft, Industrie und Kunst». Er schlug die Einrichtung von exemplarischen Mustersammlungen vor, mit denen ein «allgemeiner Volksunterricht des Geschmacks» durchgeführt werden sollte. Über Lehrveranstaltungen zu «Kunst und Industrie» sollten die Bereiche Keramik, Textil, Holz und Stein sowie eine vergleichende Baulehre im Hinblick auf ein «Zusammenwirken» unter dem «Vorsitz der Architektur» vermittelt werden. Anstatt der getrennten Ausbildung von Handwerkern in Industrie- und Künstlern in Zeichenschulen sollte in Werkstätten unterrichtet werden, in denen angewandte und hohe Kunst, das Notwendige und das Schöne wieder zusammengeführt und durch das «brüderliche Verhältnis des Meisters zu seinen Gesellen und Lehrlingen» die Trennung von Kunst und Leben in den herkömmlichen Akademien aufgehoben werden sollten. Sempers Denkschrift nimmt zentrale Ideen des Bauhauses vorweg: die Orientierung am Handwerk, eine allgemeine ästhetische Erziehung, Werkstattunterricht aufgeteilt nach Materialien, die Einheitskunstschule mit Lehrwerkstätten und Meistern sowie das Einheitskunstwerk unter Führung der Architektur.

Die Denkschrift führte zur Gründung von Kunstgewerbemuseen und Kunstgewerbeschulen mit Werkstätten und stieß eine Reihe von Entwicklungen an, die zum Bauhaus führten. Während Semper die Qualität der Maschinenproduktion durch eine Verbindung von Handwerk, Kunst und Industrie zukunftsorientiert heben wollte, finden sich in England, dem Mutterland der Industrialisierung, auch retrospektive Konzepte, deren Wirkung allerdings ebenfalls bis zum Bauhaus verfolgt werden kann. So wandte sich John Ruskin radikal gegen maschinelle Produktion, die für ihn nur Surrogate und tote Gegenstände lieferte, und forderte eine komplette Rückkehr zur vorindustriellen Zeit, in der durch das Handwerk auch Alltagsgegenstände einen Wert erhalten hatten und gleichsam eine «Beseelung» der

Produkte erfolgt war. William Morris gab diesem Konzept eine gesellschaftspolitisch soziale Bedeutung, indem er mit einer Rückkehr zum Handwerk die Wiedergewinnung von Freude an der Arbeit verknüpfte und somit über das Handwerk eine Erneuerung und Verbesserung der ganzen Gesellschaft erfolgen sollte. Sowohl die «Beseelung» von Gebrauchsgegenständen wie auch die erzieherische Kraft von «schönen» Gegenständen sind Ideen, die dann über den Deutschen Werkbund in das Bauhaus Eingang fanden.

Die Lehren von Ruskin und Morris, die eine Bewegung zur Verbindung von Kunst und Handwerk («arts and crafts») anstießen, verknüpfte Charles Robert Ashbee mit Sempers Idee der Lehrwerkstätten und gründete 1888 in London die «Guild and School of Handicraft», in der nicht mehr akademisch in Ateliers, sondern in Werkstätten unterrichtet und gearbeitet wurde. Diese Neuerung, die in Parallele zur Reform der schulischen Bildung von der Lern- zur Arbeitsschule im Sinne eines «Learning by Doing» steht, war grundlegend für die Reform der Ausbildung von Künstlern und Handwerkern und wirkte auf viele Kunstgewerbeschulen, die nun Werkstätten einrichteten. Die Übertragung der Werkstattschulen nach Preußen erfolgte durch Hermann Muthesius, der dieses Modell 1896 bis 1902 im Auftrag der Regierung in England studiert hatte und nach seiner Rückkehr die preußischen Kunstgewerbeschulen um Werkstätten erweitern und junge Künstler und Architekten berufen ließ. So reformierten Peter Behrens und Hans Poelzig die Kunst- und Kunstgewerbeschulen in Düsseldorf und Breslau und Bruno Paul die Berliner Kunstgewerbeschule mit praktischer Arbeit in Lehrwerkstätten. Die Haltung zur Maschine war an diesen Schulen anfangs noch ambivalent, erst allmählich entwickelte sich die Vorstellung, dass die Gestaltung auch den technischen Bedingungen und Vorgaben folgen sollte.

Die bedeutendste der circa 60 deutschen Kunstgewerbeschulen entstand in Weimar, wo der Belgier Henry van de Velde seit 1902 ein privates Seminar zur Hebung der Qualität des Kunsthandwerks so erfolgreich leitete, dass er den Auftrag zum Neubau von Bildhauerateliers der Großherzoglichen Kunsthoch-

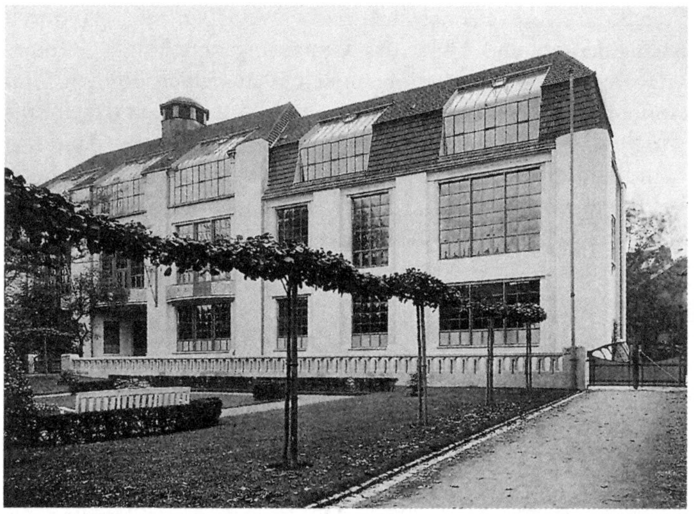

2 – Henry van de Velde, Kunsthochschule Weimar, 1907

schule (1910 umbenannt in Hochschule für bildende Kunst) und einen Werkstättentrakt für die dann unter seiner Leitung 1908 eröffnete Großherzogliche Kunstgewerbeschule erhielt (Abb. 2). Van de Velde galt bereits vor der Jahrhundertwende als bedeutendster Vertreter des maßgeblich von ihm geprägten Jugendstils, der damals modernsten Kunstform. Auf Vermittlung des reichen Intellektuellen, Kunstsammlers und Mäzens Harry Graf Kessler kam er nach Weimar in die kleine Residenzstadt des Großherzogs von Sachsen-Weimar-Eisenach mit der großen Vergangenheit der Goethe-Zeit. «Ohne Kessler kein Bauhaus», diese Feststellung ist insofern berechtigt, als dass van de Veldes Weimarer Werkstätten als Keimzelle des späteren Bauhauses bezeichnet werden können, denn dieses war nicht nur in den Räumen der neuen Schulgebäude untergebracht und nutzte deren Einrichtungen, sondern die beiden Fundamente des Unterrichts bei van de Velde sind auch zentral für den späteren Bauhausunterricht: Grundlage der Ausbildung waren zum einen eine systematische «Elementarlehre», bei der die Schüler nicht wie bisher üblich durch Abzeichnen historischer Vorlagen, sondern durch Kennenlernen und Üben der Gestaltungsmittel und Formgesetze ihre künstlerischen Fähigkeiten ausbilden sollten. Und zum anderen eine Fachausbildung in Werkstätten, in denen Entwurf und Ausführung nicht mehr getrennt, sondern Hand in Hand und aufeinander bezogen verliefen. Auch die von van de Velde eingeführte Praxis, Prototypen in den Werkstätten zu entwickeln und an Firmen zu verkaufen, um mit dem Erlös Schule und Schüler zu finanzieren, war Vorbild für die später am Bauhaus gesuchte Verbindung zur Industrie.

Van de Veldes Arbeiten sind exemplarischer künstlerischer Ausdruck der Lebensreformbewegung, jener Bestrebungen gegen Ende des 19. Jahrhunderts, eine Erneuerung der gesamten Lebensführung von der Wohnung bis zur Kleidung und von der Ernährung bis zur Kultur herbeizuführen. Leitender Impuls war die von Friedrich Nietzsche eindringlich formulierte Abwendung von der Historie und eine Hinwendung zu Leben und Natur. Die zu «Masken» erstarrte Geschichte und die «antiquarische Historie», die das Leben erstickten, sollten durch die Kräfte der Natur aufgebrochen und die ganze Lebenswelt damit durchpulst werden. Der Lebensstrom, der Élan vital, durchzieht die Werke van de Veldes in Form von «Kraftlinien», die funktionale wie ästhetische Qualität besitzen und alles zu einer Einheit, zum Ausdruck von Leben verbinden. Exemplarisch verwirklichte er diese Konzeption beim Nietzsche-Archiv in Weimar, bei dem von der Architektur bis zum Türgriff und vom Mobiliar bis zur Wandbemalung ein einziger Kraftfluss alles zu einem Gesamtkunstwerk des Jugendstils verbindet. Van de Veldes umfassendes Konzept sowie die ähnlichen Arbeiten von Peter Behrens und Joseph Maria Olbrich auf der Darmstädter Mathildenhöhe 1901 können als Vorbilder bei der Suche am Bauhaus nach einem einheitlichen Ausdruck der Gegenwart in allen Lebensformen gesehen werden. Auch wenn am Bauhaus der Begriff «Stil» verpönt war, da er mit der Welt der Akademien und des Historismus verknüpft schien, ging es um Gestaltung nach übergeordneten Prinzipien, und die immer wieder beschworene einheitliche Kultur in allen Lebensäußerungen eines Volkes manifestierte sich nach dem großen Ideengeber Nietzsche in der «Einheit des Stils».

Dieser neue Stil war für van de Velde durch die «Notwendigkeit» aller Formen und Konstruktionen gekennzeichnet. Nach dem Prinzip einer rationellen und folgerichtigen Konstruktion sollten nützliche Gegenstände geschaffen werden, die genau aus diesem Grund schön waren. Mit diesem Ansatz verblieb van de Velde allerdings in einem künstlerisch individuellen Bereich, die Maschinenproduktion und deren wirtschaftliche Bedingungen wie auch die damit verbundenen finanziellen und nationalen Interessen standen für ihn im Hintergrund. Für eine Reihe von Künstlern und Produzenten ging es jedoch seit der Jahrhundertwende darum, eine Stilsprache zu finden, die deutsche Produkte, die auf dem Weltmarkt als minderwertig betrachtet wurden, «veredeln» sollte, um damit dem Anspruch des Landes, das in den 1890er-Jahren England als führende Industrienation abgelöst hatte, national und international Geltung zu verschaffen. 1907 fanden sich in München zwölf Künstler und Vertreter kunstgewerblicher Firmen zusammen und gründeten den «Deutschen Werkbund», dessen Ziel die «Veredelung der gewerblichen Arbeit im Zusammenwirken von Kunst, Industrie und Handwerk» war, um durch eine «geschlossene Stellungnahme» kulturell zu wirken. Die maschinelle Produktion sollte nicht einen technischen, sondern einen geistigen Ausdruck erhalten. Diese «Durchgeistigung» sollte sich zum einen in deutscher Qualitätsarbeit, die sich international behaupten konnte, manifestieren, und zum anderen sollte der einheitliche Ausdruck der künstlerisch veredelten Produkte erzieherisch auf die bürgerlichen Konsumenten wirken, um wieder eine ausdrucksstarke deutsche Kultur zu erreichen. In der massenhaften maschinellen Produktion hatten die Produkte ihre «geistige Bestimmtheit» verloren, wie Georg Simmel treffend feststellte, die Formgebung war in die Hände des kapitalistischen Marktes und der Spekulation geraten, und es entstanden nur Moden. Der Deutsche Werkbund wollte dagegen durch einen einheitlichen Stil ein modernes visuelles Vokabular als Ausdruck des deutschen Geistes schaffen. Ästhetische, wirtschaftliche und nationale Überlegungen wirkten somit zusammen, um über eine Durchgeistigung der maschinellen Produkte der kapitalistischen Wirtschaft eine kulturelle sowie national charakterisierte Grundlage zu geben.

Das Zusammenwirken von Künstlern und Industriellen zielte auf eine «Wiedereroberung harmonischer Kultur», wie der Architekt Fritz Schumacher beim Gründungstreffen programmatisch formulierte. Diese Harmonie im Sinne eines einheitlichen Formenausdrucks oder Stils manifestierte sich am deutlichsten in den Arbeiten des Werkbundmitglieds Peter Behrens für die Firma AEG, deren gesamtes Erscheinungsbild, vom Briefbogen bis zur Maschinenhalle, er nach einem übergeordneten Gestaltungsprinzip entwarf und damit eine erste Form von Corporate Identity entwickelte. Hermann Muthesius nannte als Ziel des Werkbundes, eine harmonische Kultur «vom Sofakissen bis zum Städtebau» zu schaffen, womit impliziert der Anspruch verbunden war, über Kultur gesellschaftliche Spannungen auszugleichen und sich mit deutscher Qualitätsarbeit am Weltmarkt zu behaupten, wenn nicht sogar führend zu positionieren. Dieser umfassende gestalterische, kulturelle und erzieherische Anspruch wurde später zu einem zentralen Element der Arbeit am Bauhaus, dessen drei Direktoren Mitglieder des Deutschen Werkbunds waren, und die auch immer wieder auf diese Ideen rekurrierten.

Das Bestreben des Werkbunds, als Volkserzieher zu wirken, wurde durch die Propagierung vorbildlicher Muster in einem «Deutschen Warenbuch» oder über das von Karl Ernst Osthaus in Hagen eingerichtete Deutsche Museum für Kunst in Handel und Gewerbe – das «Werkbund-Museum» – mit einer exemplarischen Mustersammlung kontinuierlich intensiviert. Mit der Gartenstadt Hellerau bei Dresden, in der die Deutschen Werkstätten produzierten und wo ein Festspielhaus Reformkultur vermittelte, entstand eine Art Mustersiedlung des Deutschen Werkbunds, die Paul Claudel ein Modell für ein glücklicheres Leben nannte. In diesem Nukleus für kulturelle Erneuerung wurden viele Ideen und Aktivitäten des späteren Bauhauses, vom Zusammenwirken der Künste mit der Industrie bis zu Experimenten einer Reformkultur, antizipiert.

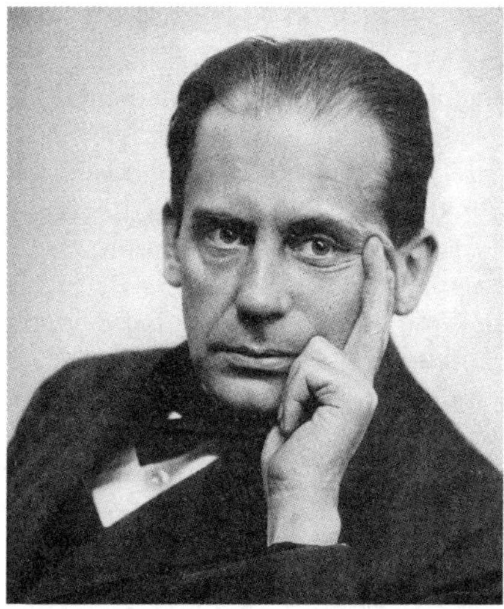

3 – Walter Gropius, um 1923

Obwohl der Deutsche Werkbund nach einem einheitlichen Ausdruck strebte, herrschte innerhalb der Mitglieder Uneinigkeit, inwieweit sich Kunst und Industrie, individuelle Gestaltung und maschinelle Produktion annähern sollten. Während Künstler wie Henry van de Velde auf dem Primat der Kunst beharrten, forderte Hermann Muthesius eine rigide Typisierung, mit der einer wirtschaftlichen Fertigung durch Maschinen entsprochen werden sollte. Diese Positionen wurden im Rahmen der großen Werkbundausstellung in Köln 1914 konträr diskutiert, wobei sich der junge Architekt Walter Gropius (Abb. 3), der fünf Jahre später das Bauhaus gründete, hinter van de Velde stellte. Gropius hatte mit dem Bau der Fagus-Schuhleistenfabrik in Alfeld bei Hannover 1911 Furore gemacht, da er einem Industriebau durch eine vorgehängte Glas-Eisen-Fassade einen neuen monumentalen Ausdruck verlieh und somit eine Nutz- oder «Technikform» ohne historisierende Elemente zur Kunstform «veredelte». 1911 wurde er Mitglied des Deutschen Werkbunds, in dem er sich bis 1933 engagierte. Im gleichen Jahr stellte er für Karl Ernst Osthaus und das Werkbund-Museum die Ausstellung «Vorbildliche Industriebauten» zusammen und erklärte in einem Vortrag über «Monumentale Kunst und Industriebau», das moderne baukünstlerische Schaffen basiere auf exakt geprägter Form, klaren Kontrasten sowie Reihung gleicher Teile und Einheit von Form und Farbe. Mit fast ähnlicher Begrifflichkeit sollte er 15 Jahre später das Wesen der Bauhausarbeit beschreiben. Im Jahrbuch des Deutschen Werkbunds veröffentlichte Gropius 1914 einen programmatischen Aufsatz über den «stilbildenden Wert moderner Industriebauten» und erklärte, aus Industrie und Technik und ihren Werken müsse eine neue Entwicklung der Form ihren Ausgangspunkt nehmen. Diese seien die dominanten geistigen Strömungen der Zeit, und deren künstlerisch gestaltetes Ausdrucksbild müsse alle Lebensäußerungen durchdringen und schließlich zu einer Einheitlichkeit führen. Damit wäre der Weg zu einem Stil gefunden, der bis in die letzten Verzweigungen des menschlichen Kunstschaffens hinabreicht. Modelle und Prototypen für einen einheitlichen kulturellen Ausdruck suchte Gropius dann ab 1919 am Bauhaus, aber zum Zeitpunkt der Gründung hatte sich durch Krieg und Revolution die Gewichtung von der Industrie auf das Handwerk verschoben.

Schon vor Ausbruch des Ersten Weltkriegs wurde van de Velde in Weimar von reaktionären Hofkreisen und vom Großherzog, der in der Kunst den «neuen nationalen Geist» wünschte, bekämpft. Er kündigte in diesem fremdenfeindlichen nationalistischen Klima zum Juli 1914, schlug aber vor seinem Ausscheiden der Regierung Walter Gropius, Hermann Obrist und August Endell als mögliche Nachfolger vor. Zwar wurde dann die Kunstgewerbeschule zum Oktober 1915 geschlossen, aber der Direktor der Kunsthochschule, Fritz Mackensen, wollte nun Gropius als Leiter für eine seiner Schule angeschlossenen «Abteilung für Architektur und angewandte Kunst» gewinnen. Gleichzeitig wollte das Ministerium eine Beratungsstelle für Industrie und Handwerk einrichten und wandte sich ebenfalls an Gropius. Vor diesem Hintergrund verfasste Gropius, der sich während des gesamten Krieges als Husar im Felde befand, eine Denkschrift, die er im Januar 1916 nach Weimar schickte. Entsprechend dieser «Vorschläge zur Gründung einer Lehranstalt als künstlerische Beratungsstelle für Industrie, Gewerbe und Handwerk» wollte er im Wesentlichen die Linie des van-de-Velde-Unterrichts fortsetzen, allerdings ausgeweitet auf Industrieprodukte. Im Sinne des Werkbunds forderte er eine Arbeitsgemeinschaft zwischen Kaufmann, Techniker und Künstler und beschwor dazu das Ideal der mittelalterlichen Bauhütten, an denen in «gleichgeartetem Geist» in der «Einheit einer gemeinsamen Idee» gearbeitet worden sei. Ziel sei es, ein einheitliches Ausdrucksbild des modernen Lebens zu gewinnen, das sich dann zu einem «neuen Stile» verdichten sollte. Die Architekturschule wollte er in Form eines Meisterateliers an der Hochschule etablieren. Diese Vorschläge lehnte das zuständige Hofmarschallamt ab, da das Handwerk zu kurz komme.

Mit der militärischen Niederlage und der folgenden Revolution veränderte sich dann im November 1918 nicht nur die politische, sondern auch die kulturelle Situation in Deutschland grundlegend. In dieser Umbruch- und Aufbruchsstimmung wurden Träume und Hoffnungen von Politikern wie Künstlern in zahllose Manifeste projiziert, die mit fast heilsgeschichtlichem Pathos ein kommendes neues Zeitalter beschworen. In Berlin bildete sich in Parallele zu den Arbeiter- und Soldatenräten ein Arbeitsrat für Kunst, in dem sich diejenigen Künstler und Kulturschaffenden versammelten, die glaubten, sie könnten an der Schaffung einer neuen Gesellschaft mitwirken und den Weg für die Entstehung eines neuen Menschen bahnen. Den Vorsitz übernahm der Architekt Bruno Taut, der bereits während des Krieges mit den Projekten für eine «Alpine Architektur» und eine «Auflösung der Städte» radikale Friedensmanifeste gegen das «Blutsaufen» im Weltkrieg entworfen hatte. Da für ihn der Weltkrieg Ausdruck und Ergebnis von Materialismus, Nationalismus und Ichsucht war, sollten als friedliche Kompensation in einer gewaltigen gemeinsamen Leistung des ganzen Volkes neue kristallklare Städte in der reinen Bergwelt der Alpen errichtet werden. In deren Zentrum sollte sich eine «Stadtkrone» erheben, die in einem von farbigem Sonnenlicht durchströmten

Kristallhaus kulminiert, das völlig zweckfrei nur den «vollen harmonischen Ton der Menschengemeinschaft» ausdrückt und damit der geistigen Erhebung der Individuen und der Zusammenführung zu neuen friedlichen Gemeinschaften dient.

Leitmotiv des Arbeitsrats war es, wieder eine Einheit von Kunst und Volk zu schaffen, und dieser Zusammenhalt manifestierte sich in der Beschwörung einer gotischen Kathedrale als ein Symbol sozialer Einheit und Sinnbild einer im Mittelalter aus dem ganzen Volk heraus entstandenen Gemeinschaftsleistung. Mit der Evokation der Gotik als spirituellem Zeitalter, das dem Materialismus von Antike und Renaissance entgegengesetzt war, beriefen sich Taut und seine Freunde auf einen bereits in der Vorkriegszeit von Wilhelm Worringer entwickelten mystifizierten Begriff der Gotik, die dieser als Vergeistigung gekennzeichnet, aber auch als Charakteristik eines nordischen Form- und Stilwillens mit nationalen Motiven aufgeladen hatte. Mit der Berufung auf Gotik und Bauhütte schwangen somit neben den Vorstellungen von Einheit, Gemeinschaft und dem Zusammenwirken der Künste auch nationale Bezüge mit, von Schinkels gotischem «Freiheitsdom» bis zurück ins Mittelalter zur Blütezeit deutscher Kultur und des deutschen Reiches. Diese Hoffnung spricht auch noch aus der ersten Erklärung der gesamten Bauhausschülerschaft von Anfang 1920, sie ringe «nach jenem Geist unseres Volkes, [...] der in der Gotik lebte [...] und der unser Volk aus dem Abgrund emporführen kann und wird».

Noch im November 1918 stieß Walter Gropius zur Gruppe des Berliner Arbeitsrats für Kunst und fühlte sich, «geistig idiotisiert und zermürbt aus dem furchtbaren Krieg heimkehrend», vom Feuer der neuen Zeit erfasst. Er arbeitete mit an den Manifesten, tauchte völlig in die Gedankenwelt des Kreises ein und übernahm am 1. März zusammen mit César Klein und Adolf Behne dessen Leitung. Im Umfeld des Arbeitsrates entstand in den ersten Monaten des Jahres 1919 das Bauhaus-Manifest, das Reformkonzepte und Erziehungsideen dieses Kreises teilweise wortgleich aufnahm. Schon in den Kriegsjahren war von vielen Seiten eine Reform der künstlerischen Ausbildung diskutiert und proklamiert worden. Wilhelm Bode, der Generaldirektor der Berliner Staatlichen Museen, forderte, Kunstakademien und Kunstgewerbeschulen zu einer Einheitsschule zu verbinden, ähnlich äußerten sich die Architekten Theodor Fischer, Fritz Schumacher oder Bruno Paul. Diese Reformideen standen dann im Zentrum der Programme des Arbeitsrats, der durch Erziehung die Trennung in Klassen und Hierarchien, aber auch von angewandter und hoher Kunst überwinden wollte: «An der Spitze steht der Leitsatz: Kunst und Volk müssen eine Einheit bilden. Die Kunst soll nicht mehr Genuß weniger, sondern Glück und Leben der Masse sein. Zusammenschluß der Künste unter den Flügeln einer großen Baukunst ist das Ziel.» Die Zusammenführung der Kunstgattungen war somit ein Spiegel der Forderung nach Einheit von Kunst und Volk, aus der die demokratische Kultur und der neue Mensch erwachsen sollten. Die Zeitschrift des Arbeitsrats sollte deshalb auch «Dreiklang» heißen und den Zusammenklang von Malerei, Plastik und Architektur ausdrücken.

Die akademische Ausbildung, in der ein von Volk und Leben abgehobenes Künstlertum, ein L'art pour l'art gezüchtet wurde, galt als Hauptfeind, der bezwungen werden musste. Es ging um eine radikale Reform der Künstlerausbildung, die nicht mehr in Akademien und Fachschulen, sondern in Bauateliers und Werkstätten stattfinden sollte. Der Architekt Otto Bartning, Mitglied im Arbeitsrat, veröffentlichte im Januar 1919 einen «Unterrichtsplan für Architektur und bildende Künste auf der Grundlage des Handwerks», von dem vieles in das kurz darauf formulierte Bauhaus-Manifest einging. Bartnings Betonung des Handwerks als Grundlage der Ausbildung, die von einem «Rat der Meister» geleitet wurde, war Folge einer Abwendung von Industrie und Technik, die zum einen darauf beruhte, dass diese mit dem industrialisierten Krieg verknüpft waren, aber zum anderen auch Reflex der Not, die in Deutschland herrschte.

Da Gropius nichts mehr aus Weimar gehört hatte, wandte er sich im Januar 1919 an die nunmehr zuständige provisorische Regierung des Freistaats Sachsen-Weimar, gleichzeitig führte er Gespräche mit dem Lehrerkollegium der Hochschule für Bildende Kunst, das sich inzwischen für ihn als neuen Direktor einsetzte. Nun entwickelte Gropius die Konzeption einer Reformschule, in deren Manifest, das er zusammen mit dem Architekten und Kunstkritiker Adolf Behne ausarbeitete, nicht nur die Ideen vom Einheitskunstwerk und den Lehrwerkstätten, vom gemeinsamen Bau der Zukunft und dem Ideal gotischer Vergeistigung, sondern auch die Programme des Arbeitsrats zur Erziehung einbezogen wurden. Die 1916 in den «Vorschlägen» formulierten Ideen wurden durchdrungen vom Pathos und der Aufbruchsstimmung des Arbeitsrats. Nach Verhandlungen mit den Vertretern der «Provisorisch-Republikanischen Regierung» in Weimar, die in ihm, als Mitglied des Arbeitsrats, einen Verbündeten sahen und seine Reformideen stützten, erfolgte Ende März die Genehmigung des Programms sowie von Gropius' Antrag, die beiden Schulen unter dem Titel «Staatliches Bauhaus in Weimar» zusammenzufassen. Um den programmatischen Charakter der Einheitsschule zu belegen, wurden im Untertitel die beiden ursprünglichen Namen ausdrücklich nochmal genannt: «Ehemalige Großherzogliche Sächsische Hochschule für bildende Kunst und ehemalige Großherzogliche Sächsische Kunstgewerbeschule in Vereinigung». Die Berufung von Gropius erfolgte zum 1. April 1919, der Erlass zur Vereinigung und Namensgebung ist auf den 12. April 1919 datiert. Damit war aus den Wirren der Revolutionszeit, getragen von einer linksliberalen Politik, eine radikale Reformschule – die einzige in Deutschland – entstanden, die von Anfang an mit politischen Parteien verknüpft war und deshalb auch vom konservativen Lager bekämpft wurde. Als sich die politische Lage 1923/24 änderte, führte dies zur Schließung des Bauhauses in Weimar.

Vom Expressionismus zum Formalismus

Anfang April 1919 kam Walter Gropius als neu berufener Leiter des Bauhauses nach Weimar, in die etwa 40 000 Einwohner zählende Landeshauptstadt des Freistaats Sachsen-Weimar-Eisenach, in der seit Februar die Nationalversammlung an der Formulierung der neuen Verfassung arbeitete. Ein Jahr später wurde Weimar Landeshauptstadt und damit auch Sitz der Landesregierung des neuen Landes Thüringen, das aus der Zusammenlegung von vielen kleinen Territorien entstand. Die Regierung führte eine Koalition aus SPD, USPD und DDP, das Bauhaus unterstand dem Kultusministerium und ab Mai 1920 dem neuen Ministerium für Volksbildung, das dann im Sommer gegen die rechten Parteien den ersten Etat für die umstrittene Reformschule durchsetzte. Der Unterricht begann zum Sommersemester 1919 mit 84 weiblichen und 79 männlichen Studierenden in den Räumen der beiden ehemaligen großherzoglichen Schulen.

Nachdem sich in den ersten Monaten nach Kriegsende und Revolution abgezeichnet hatte, dass sich ein revolutionärer politischer Wandel nicht oder nicht so schnell wie von vielen erhofft vollziehen würde, meinte Gropius, ähnlich wie Bruno Taut und andere Mitglieder des Arbeitsrats für Kunst, man müsse jetzt die «reale Welt ignorieren», und er setzte seine Hoffnung auf «kleine geheime in sich abgeschlossene Bünde, Logen, Hütten», die einen «Glaubenskern hüten und künstlerisch gestalten wollen», bis sich aus diesen Gemeinschaften wieder eine allgemeine große Idee verdichtet, die in einem Gesamtkunstwerk, einer Kathedrale der Zukunft, ihren Ausdruck findet, die dann «mit ihrer Lichtfülle bis in die kleinsten Dinge des täglichen Lebens» hineinstrahlen werde. Diese verschworene Gemeinschaft sollte nach Gropius' Vorstellung am Bauhaus entstehen, an dem entsprechend seinem Reformprogramm eine integrierte handwerkliche, künstlerische und wissenschaftliche Ausbildung erfolgte. Im Zentrum stand das Handwerk, das nach der Sprachregelung in der neuen Bauhaussatzung nicht mehr von Professoren in Ateliers an Schüler, sondern von Meistern in Werkstätten an Lehrlinge vermittelt wurde. Damit sollte «die hochmütige Mauer zwischen Künstler und Handwerker fallen», und aus der neuen Gemeinschaft sollten junge Menschen erwachsen, die dann für die Gesellschaft die neue Welt gestalteten. Harry Graf Kessler schrieb treffend im Juli 1919 in sein Tagebuch, am Bauhaus suche man «vor allem den neuen Menschen». Um den Studierenden eine praktische Perspektive zu geben, hatte Gropius mit der Handwerkskammer vereinbart, dass die Werkmeister in den Werkstätten einen Lehrvertrag für die Studierenden abschließen konnten, sodass nach drei Jahren ganz konventionell eine Gesellenprüfung möglich war. Von den insgesamt 638 Bauhaus-Studenten in Weimar schlossen allerdings nur etwa fünf Prozent mit einer Gesellenprüfung ab. Das Bauhaus selbst konnte keinen Abschluss vergeben, erst nach dem Umzug nach Dessau, als es zur Hochschule für Gestaltung erhoben worden war, verlieh es ein eigenes Diplom. Obwohl im Manifest der große Bau als Ziel benannt war, gab es nur Unterricht in Raumkunde und Bauzeichnen sowie Praktika und Vorträge, eine architektonische Ausbildung erfolgte erst ab April 1927. Bis dahin existierte am Bauhaus nur das Privatbüro von Gropius, das sein Partner, Adolf Meyer, betreute und in dem Studierende manchmal bei Aufträgen mitwirken konnten.

Dem hohen Anspruch, für den Bau der Kathedrale der Zukunft auszubilden, widersprach die reale Situation an der Schule, die geprägt war von schlechter Ausstattung, von Geld- und Kohlenmangel sowie von den Angriffen der Reformgegner, mit denen sich Gropius in den nächsten Jahren unentwegt herumschlagen musste. So kümmerte sich Gropius um eine Kantine und um Freitische für die Studenten und organisierte ein Gelände, auf dem durch eigenen Anbau Gemüse gewonnen werden konnte. Der Bau einer kleinen Bauhaus-Siedlung mit Werkstätten und Selbstversorgung wurde zwar von Studenten projektiert, kam aber nie zur Ausführung. Für den Werkstattunterricht standen anfangs nur die Bildhauerwerkstatt und die Druckerei der alten Kunsthochschule sowie die Werkstätten der Buchbinderei und Weberei der alten Kunstgewerbeschule, die privat weitergeführt worden waren, zur Verfügung. Über 90 Prozent der Studierenden des Sommersemesters 1919 kamen von der alten Kunstschule und als einzigen neuen Lehrer konnte Gropius nur den mit ihm befreundeten Maler Lyonel Feininger, der die Druckerei übernahm, in den Meisterrat berufen lassen.

Um den neuen Ideen einen Weg zu bahnen, ging Gropius bei der Besprechung der ersten Ausstellung von Schülerarbeiten im Juni gezielt auf Konfrontation mit dem alten akademischen Geist der Kunsthochschule, der in den Arbeiten, aber natürlich auch bei den alten Lehrern fortlebte. Seine radikale Kritik zielte darauf, einen Geburtsfehler des Bauhauses, die Einbeziehung der alten Kunsthochschule samt Lehrpersonal, zu beheben, allerdings um den Preis, dass sich von nun an die Professoren gegen ihn wandten, das neue Programm bekämpften und dafür sowohl in der Politik wie auch bei den Bürgern in Weimar und den Handwerkern in Thüringen Unterstützung fanden.

Zum 1. Oktober 1919 konnte Gropius zwei weitere Stellen besetzen, für die er gezielt Künstler berief, die nicht dem akademischen Betrieb entsprachen und einen neuen künstlerischen Akzent setzen sollten. Mit dem Bildhauer Gerhard Marcks kam ein eher konservativer Künstler, den Gropius aus den Vorkriegsjahren kannte und der eine keramische Werkstatt für das Bauhaus in den alten Töpferwerkstätten von Dornburg aufbaute. Mit Johannes Itten holte Gropius eine starke antiakademische Persönlichkeit mit ausgeprägten eigenen Vorstellungen von künstlerischer und pädagogischer Arbeit ans Bauhaus. Den gelernten Volksschullehrer und Maler hatte Gropius über seine Frau, Alma Mahler, in Wien kennen gelernt, wo dieser eine private Kunstschule betrieb, von deren Arbeit er begeistert war. Im Wintersemester 1919/20, mit 101 weiblichen und 106 männlichen Studierenden, ließ Itten seine Schüler nicht malen und zeichnen, sondern Spielzeug herstellen. Dies war ein bewusster, mit Gropius abgesprochener Affront, um sich radikal von der bisherigen akademischen Ausbildung abzusetzen. Anstatt mit Leinwand, Pinsel und Modell Akt- und Naturzeichnen zu betreiben, wurden nun kunstgewerbliche Spielwaren zum Verkauf gebastelt. Gegen die Missbilligung durch die Akademiker erklärte Itten nur, dass die Wurzel schöpferischer Tätigkeit im Spiel liege.

Nachdem durch Gropius' Kritik der Schülerarbeiten des vorangegangenen Semesters bereits die Stimmung aufgeheizt war, kam es zum Jahreswechsel 1919/20 zur offenen Auseinandersetzung mit den Professoren der ehemaligen Kunsthochschule sowie mit den sich nun formierenden Gegnern des Bauhauses. Dieser sogenannte Bauhausstreit entzündete sich vordergründig an dem von dem Studenten Hans Groß im Dezember mit antisemitischen Untertönen vorgetragenen Vorwurf des Internationalismus und der Forderung nach einem «deutschen Bauhaus». Gropius verwies den Studenten von der Schule und forderte eine strikte Trennung von jeder Form von Politik, aber der Vorfall diente dazu, dass sich die bei Weimarer Bürgern und bei den Vertretern einer akademischen Lehre angestauten Ressentiments gegen das Bauhausprogramm in wilden Pressekampagnen niederschlugen und dass nationalkonservative Politiker im thüringischen Parlament mit parteipolitischem Kalkül die vom zuständigen sozialdemokratischen Minister Max Greil gestützte Reformschule attackierten.

Die Lehrer der alten Kunsthochschule verließen im Laufe des Jahres 1920 nach und nach das Bauhaus und erreichten, dass im April 1921 eine akademische «Staatliche Hochschule für Bildende Kunst» als Konkurrenz in Weimar neu gegründet wurde. Gropius konnte allerdings durchsetzen, dass die alte Namensbezeichnung weiterhin im Untertitel des Bauhauses genannt und damit die Idee der Einheitsschule präsent blieb. Der Auszug der Akademiker bereinigte letztlich eine Fehlkonstruktion und baute einige Spannungen ab, auch wenn die neue Hochschule zusammen mit dem Bauhaus im selben Gebäude untergebracht war. Gravierender waren die Attacken vonseiten des Weimarer Bildungsbürgertums, zu denen sich Angriffe von thüringischen Handwerksbetrieben gesellten, die im Anspruch des Bauhauses, die Ausbildung auf das Handwerk zurückzuführen, eine Konkurrenz sahen. Diese Angriffe nahm der Abgeordnete der Deutschnationalen Volkspartei DNVP, Emil Herfurth, auf, um das gesamte Bauhaus-Programm sowie dessen Finanzierung infrage zu stellen und um mit einer Anti-Bauhaus-Kampagne Parteipolitik zu betreiben.

Gropius mobilisierte seine Freunde und Unterstützer zu Gegenartikeln und verteidigte sein Konzept in der Presse und im Landtag gegen die Weimarer «Kunstmumien». Dabei zeigte sich allerdings, dass die pathetischen Töne, mit denen er zur Rückkehr zum Handwerk aufgerufen hatte, widersprüchlich waren und Angriffsflächen boten. So heißt es im Bauhaus-Manifest, der Künstler sei eine Steigerung des Handwerkers, aber nur «die Gnade des Himmels läßt in seltenen Lichtmomenten», die jenseits des Wollens des Handwerkers stehen, «unbewußt Kunst aus dem Werk seiner Hand erblühen». Nur durch einen göttlichen Gnadenakt wurde somit aus Handwerk Kunst. Um den Widerspruch aufzulösen, erklärte Gropius, dass es ihm gar nicht um den ausübenden Handwerker, sondern um das handwerkliche Kollektiv, den Gemeinschaftsgeist gehe, aus dem heraus Großes geschaffen werden könne. Auf diesem Weg sollte der Individualismus des akademischen Künstlers überwunden werden, aber gleichzeitig zielte Gropius' Lehrkonzept auf die Ausbildung eines Künstler-Handwerkers. Die idealistische Vorstellung von der egalitären Gemeinschaft der Schaffenden vermischte sich mit dem Ideal künstlerischer Avantgarde, wobei es letztlich um künstlerische Gestaltung auf der Basis handwerklicher Kenntnisse und damit doch um eine hierarchische Gliederung ging. Dies zeigte sich daran, dass die Künstler am Bauhaus, die ab 1921 als Formmeister bezeichnet wurden, zwar zusammen mit einem Werkmeister die Ausbildung in den Werkstätten betreiben sollten, aber im Meisterrat besaßen nur die Künstler eine Stimme, die Forderung der Werkmeister nach gleichberechtigter Mitwirkung wurde von Gropius als «unbillig» abgelehnt. Das pathetisch beschworene Handwerk wurde zurückgesetzt, mit der Folge, dass sich die Werkmeister von den Künstlern, die zumeist nichts von der Praxis verstanden und eher einem Dilettantismus Vorschub leisteten, als «Hilfsmeister» bevormundet fühlten. Die Spannung zwischen individuellem Künstlertum und handwerklich praktischer Arbeit führte auch zur Auseinandersetzung zwischen Gropius und Itten, sie löste sich erst auf, als ab 1925 in Dessau Schüler, die selbst am Bauhaus zum Künstler-Handwerker ausgebildet worden waren, als «Jungmeister» die Lehre übernahmen.

Am Anfang ließ Gropius Itten relativ freie Hand, um mit dessen strikt antiakademischem Unterricht die Macht der alten Lehrer zu brechen und dem Bauhaus einen sichtbar neuen Kurs zu geben. Auf diesem Weg wurde Itten allerdings schnell zur dominanten Persönlichkeit, die sogar Gropius in den Hintergrund drängte. 1921 schrieb Oskar Schlemmer lapidar: «Itten ist Gropius.» Itten baute nicht nur mehrere Werkstätten auf, die er dann auch leitete, sondern führte eine künstlerische Vorlehre ein, die ab 1920 als Vorkurs einsemestrig und ab 1923 zweisemestrig für alle Studierenden obligatorisch wurde. Den von ihm entwickelten Vorkurs bezeichnete Gropius als «Schlagader der Bauhausarbeit», er fungierte bis 1928 als eine Art Selektion und Initiation. Nur wer die Grundlehre erfolgreich in sich aufgenommen hatte, kam weiter, und gleichzeitig wurde jeder mit einem spezifischen Verständnis von Material und Gestaltung ausgestattet, das die Grundlage für die weitere Arbeit bildete.

Künstlerische Vor- oder Elementarlehren gab es zwar schon früher an anderen Schulen, aber Itten entwickelte seine eigene Konzeption, zu deren Umsetzung Gropius noch zum Oktober 1920 den Maler Georg Muche berief, der weitere Werkstätten übernahm, sich mit Itten beim Unterricht der Vorlehre abwechselte und sich diesem helfend unterordnete. Im Vorunterricht sollten die schöpferischen Kräfte und die künstlerische Begabung der Studierenden freigesetzt werden. Dabei sollten eigene Erlebnisse die Schüler zum Arbeiten führen, ihnen Mut zum individuellen Ausdruck geben und sie somit «nach und nach von allen toten Konventionen befreien». Ausgehend von einem ganzheitlichen pädagogischen Konzept sollten in der Anfangsphase die nach Itten in jedem Menschen vorhandenen körperlichen, sinnlichen, seelischen und intellektuellen Kräfte und Fä-

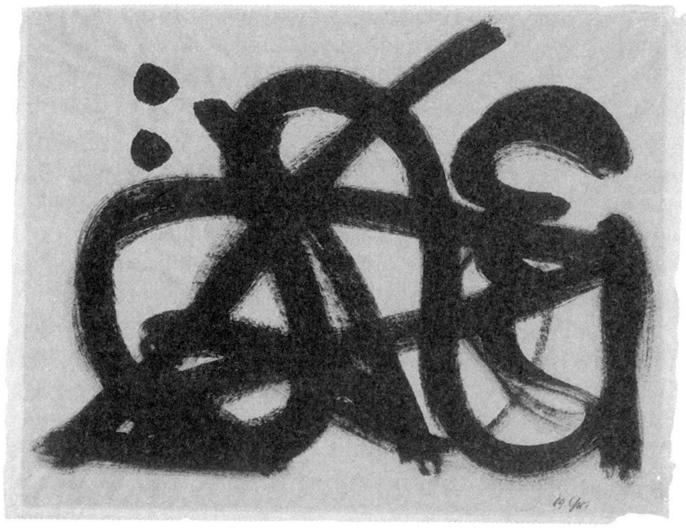

4 – Freie Rhythmus-Studie des Itten-Schülers Werner Graeff, 1921

higkeiten aktiviert werden. Da für ihn Leben und Bewegung untrennbar verbunden waren, begann der Unterricht mit Rhythmus- und Atemübungen. Anschließend sollte versucht werden, das befreite Gefühl im Rhythmus des Körpers in eine harmonische Form zu übertragen, indem mit kreisenden oder zuckenden Bewegungen im Fluss des Ein- und Ausatmens Figuren oder Konfigurationen zum Teil beidhändig zeichnend aufs Papier gebracht wurden. Diese Form der Darstellung des Gefühls bezeichnete Itten selbst als das Wesentliche seines Kurses, hier fanden die Schüler ihren eigenen Rhythmus und Ausdruck und sollten zu Harmonie mit sich selbst gelangen (Abb. 4).

Als zweites Element des Vorkurses bestimmte Itten Material- und Texturübungen. Es ging darum, die verschiedenen Materialeigenschaften zu erkennen, sinnlich zu ertasten und dann in ihren Kontrasten und Spezifika darzustellen. Im spielerisch kreativen Umgang mit den Materialien wurden deren Eigenschaften und Formgesetze individuell, ohne historische Vorgaben oder

Belehrungen erfasst. Die ganze Umwelt und Lebenswelt konnte somit neu entdeckt, zusammengesetzt und gestaltet werden.

Im einem dritten Schritt sollten anschließend dem Studierenden die ewigen Gesetze der Form und Farbe analytisch vermittelt werden, damit er zu den objektiven Farb- und Formproblemen durchdringen und selbst zum künstlerischen Gestalten gelangen konnte. Die Idee der Grundfarben und Grundformen nahmen später Klee und Kandinsky auf, und sie gewann, verstärkt durch den Einfluss der De-Stijl-Bewegung, am Bauhaus besondere Bedeutung. Den Grundformen Kreis, Quadrat und Dreieck wurde dabei ein bestimmter Charakter zugesprochen, dem wiederum eine Farbe zugeordnet wurde, und obwohl diese Zuordnungen differierten, entstand damit eine Art von elementarem Erkennungszeichen für Bauhaus-Gestaltung. Einen vierten Schritt bildeten die Analysen von Kunstwerken alter Meister, die Itten auch exemplarisch vortrug. So erklärte er beispielsweise an El Grecos «Der Großinquisitor», dass in dem Gemälde eine «Machtform», eine «boshafte Form» sowie eine «Form der Verwesung» gestaltet seien. Obwohl Itten eine Farb- und Formlehre auch methodisch vermittelte, sollte doch das Wesentliche des Kunstwerks über Intuition und Einfühlung gleichsam herausgefühlt werden, die Schüler sollten letztlich mit dem Bild verschmelzen und dessen innerste Aussage im eigenen Inneren erleben, um aus dieser existenziellen Erfahrung zu individueller Gestaltung zu gelangen. Oskar Schlemmer, seit 1921 Meisterkollege von Itten, verwies in der Beschreibung einer solchen Analysestunde auf deren immanente Problematik: «Dann zeigt er [Itten] die weinende Magdalena vom Grünewald-Altar. Die Schüler bemühen sich, aus dem Komplizierten das Wesentliche herauszulösen. Itten sieht die Versuche und donnert: ‹Wenn Sie ein künstlerisches Empfinden hätten, so müssten Sie vor dieser erhabensten Darstellung des Weinens, das das Weinen der Welt wäre, nicht zeichnen, sondern dasitzen und im Weinen zerfließen.› Spricht's und schlägt die Tür zu.»

Das Einfühlen in das Wesentliche nahm schnell irrationale Züge an, die Itten gezielt förderte, da er selbst seit Jahren im Bann der Mazdaznan-Lehre stand, eine der vielen theosophisch

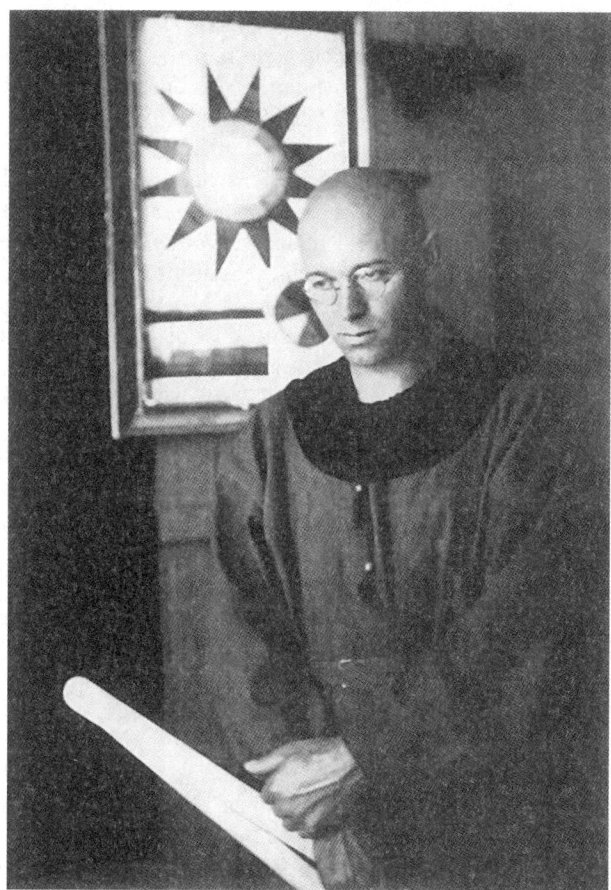

5 – Johannes Itten mit Proportionszirkel vor seinem Farbstern, um 1920

grundierten Lehren, die in Europa im Zuge der Lebensreformbewegung entstanden waren. Bei Mazdaznan, dem «Meister des Gottesgedankens», ging es um eine Art Selbsterlösung durch spirituelle Welt- und Wesensschau, die eng mit einer spezifischen Körperpflege verknüpft war, um den Geist zu läutern und aus dem Körper zu befreien. Diese «körperbasierte Reformreligion» war nicht eskapistisch oder antimodern, sondern zielte auf eine aktive Bewältigung von Problemen. Im Sommer 1920 besuchte Itten mit Muche einen Mazdaznan-Kongress in Leipzig und versuchte anschließend, die Lehre am Bauhaus zu etablieren, um dort eine Gemeinschaft «Neuer Menschen» zu schaffen. Erst durch eine Reform der eigenen Lebenspraxis konnte nach Itten eine zukunftsträchtige Kunst realisiert werden, die er im Sinne der Mazdaznan-Lehre als sinnlich-seelisch-intellektuelle Einheit verstand. Er entwarf eine Kleidung in der Art einer Mönchskutte, rasierte sich kahl und erreichte, dass die Bauhaus-Kantine nach Mazdaznan-Vorschriften kochte (Abb. 5). Seine Schüler folgten ergeben dem Vorbild und bildeten bald eine eigene sektenartige Gruppierung, die sich zu Vorträgen, Übungen, Gottesdiensten und Mahlzeiten traf. Itten vertrat sogar eine primitive Rassenlehre, nach der die weiße Rasse auf der höchsten Kulturstufe stand. Das Bauhaus sollte letztlich zum «Haus des weißen Mannes» werden, in dem Künstler-Mönche durch rassereines Leben eine neue Kunst hervorbrachten.

Gropius war kein Anhänger der Mazdaznan-Lehre, aber er ließ Itten anfangs gewähren, denn er hatte ihn ja aus Wien geholt, um am Bauhaus einen starken Reformschub gegen den Akademismus zu bewirken, und außerdem neigte er selbst in dieser Frühzeit des Bauhauses dazu, die Zukunft in geheimen Gemeinschaften und rückwärts gewandt aus dem Handwerk zu beschwören. In der wirtschaftlichen Nachkriegsdepression glaubte der einstige Vorkämpfer avantgardistischer Glas-Eisen-Architektur, dass das Industriezeitalter für Deutschland vorbei und dass Holz der Baustoff der Gegenwart und Zukunft sei: «Die neue Zeit braucht auch die neue Form. Wir müssen das Holz wieder neu beleben, neu gestalten.» Die Rückkehr zum Handwerk war begleitet von einer Rückkehr zum Bauen mit Holz, dem die Kraft des Einfachen, Ursprünglichen und Natürlichen zugesprochen wurde. Anstatt des großen Baus, der Kathedrale der Zukunft, erhielt Gropius 1920 über einen befreundeten Berliner Sägewerksbesitzer und Bauunternehmer, Adolf Sommerfeld, den Auftrag zum Bau einer Privatvilla, die in Ber-

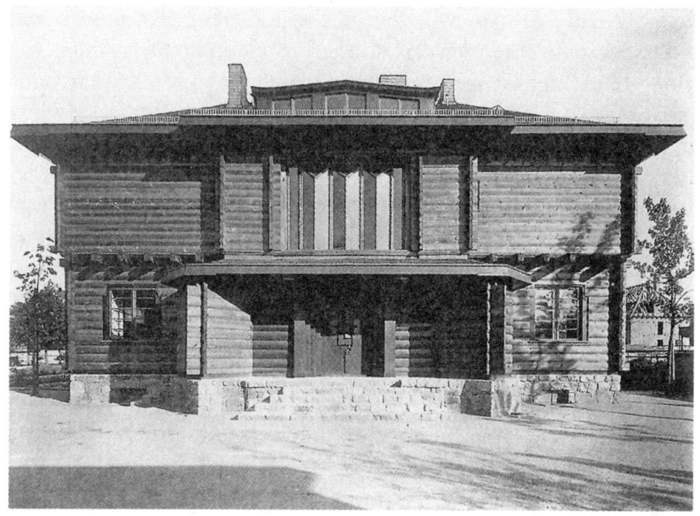

6 – Das 1921 fertiggestellte Haus für den Berliner Bauunternehmer Adolf Sommerfeld

lin-Dahlem unter Verwendung von Teakholz eines abgewrackten Kriegsschiffs errichtet werden sollte (Abb. 6). Den Bau wickelte er bis 1921 über sein Privatbüro, aber unter Mitwirkung fast aller Bauhauswerkstätten, ab. Im Umriss erinnert das Blockhaus mit Kalksteinsockel an Villen von Frank Lloyd Wright, dessen berühmte Wasmuth-Publikation von 1910 als eine Art «Bürobibel» im Gropius-Büro diente.

Das Richtfest fand am 18. November 1920 statt und belegt die Mischung aus bedeutungsträchtigem, esoterischem Pathos und Pflege von Ritualen, die am Bauhaus zu dieser Zeit praktiziert wurde. Die Bauhäusler erschienen in Zunftkleidung, die Frauen trugen eigens entworfene Kopftücher, und die Zeremonie erfolgte mit Sprechchor und Umzug, bei dem «Ring, Kreis und Kranz» als «Vollender der Gegensätze» beschworen wurden. Das Signet zum Richtfest zeigt das Sommerfeld-Blockhaus in einem Strahlenkranz. Dies kann als Zerrbild der strahlenden Kathedrale auf dem Bauhaus-Manifest, wie auch als Zeichen der

Dienstbarmachung der hochgesteckten Ziele für Kommerz und Wirtschaft gedeutet werden. Ausgerechnet an dem Holzhaus für einen Bau- oder Grundstücksspekulanten entfaltete sich die Bauhaus-Romantik vom Einheitskunstwerk der Zukunft, das aus der Handwerksgemeinschaft erschaffen wird. Die begabtesten Schüler wurden für die Arbeiten eingesetzt, so schuf Marcel Breuer eine Sitzgruppe für die Diele, Josef Albers entwarf farbige Glasfenster, Dörte Helm gestaltete einen Vorhang, Joost Schmidt schnitzte die Dekorationen von Eingangstür und Heizungsverkleidungen und die Werkstatt für Wandmalerei sorgte für den Anstrich der Wände. Vorherrschend ist ein expressionistischer «Zackenstil», der auch als «Inflationszickzack» bezeichnet wurde. Die Mitwirkung des Bauhauses an Aufträgen führte dann auch zum Streit zwischen Gropius und Itten, aus dem sich eine Neuorientierung der gesamten Schule ergab.

Im Laufe des Jahres 1920 merkte Gropius offensichtlich, dass sein Schulkonzept, das zu einer neuen Form der Ausbildung in Werkstätten führen sollte, durch Ittens Tätigkeit untergraben wurde. In den Werkstätten sollten nach Gropius' Vorstellung Handwerksmeister und Künstler als Werk- und Formmeister zusammenwirken, der «Formunterricht» war ab dem Wintersemester 1920/21 obligatorisch, und es sollten allmählich Produktionswerkstätten entstehen, deren Ergebnisse als Prototypen in Industrie und Wirtschaft eingingen und damit finanzielle Unterstützung für das knappe Bauhaus-Budget brachten. Für Itten diente dagegen die Arbeit in der Werkstatt ausschließlich der individuellen künstlerischen Entwicklung, der die praktische Ausbildung untergeordnet war, Auftragsarbeiten lehnte er völlig ab. Bis Mitte 1921 waren in Weimar elf Werkstätten eingerichtet, die zum größten Teil von Itten und Muche als Formmeister geleitet wurden. Gropius nutzte nun einige Neuberufungen, um diese Position in manchen Werkstätten auf andere Künstler zu übertragen. Mit Lothar Schreyer, der die Bühnenwerkstatt übernahm, kam zwar ein weiterer Vertreter expressionistischer Kunst, aber die Berufung von Paul Klee und Oskar Schlemmer, zwei starken und berühmten Malerpersönlichkeiten, die die Werkstätten für Glasmalerei, Holzbildhauerei, Steinbildhauerei

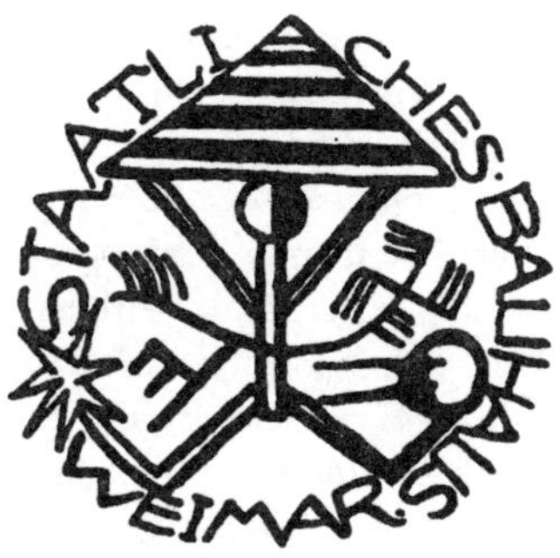

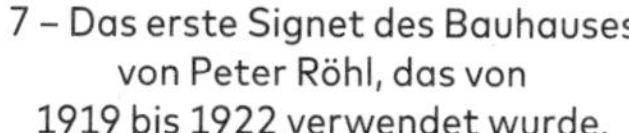
7 – Das erste Signet des Bauhauses von Peter Röhl, das von 1919 bis 1922 verwendet wurde.

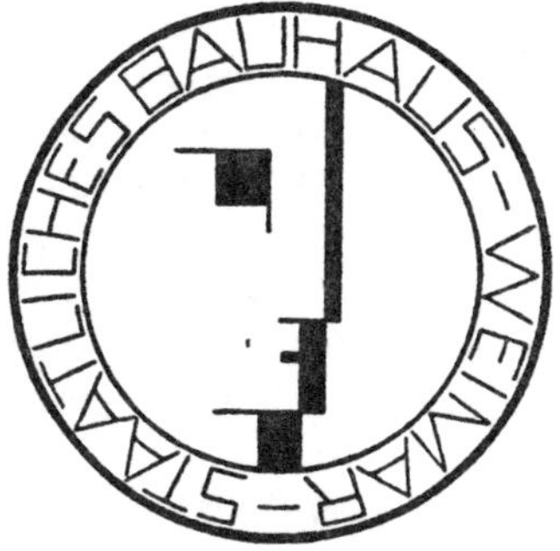

8 – Oskar Schlemmer, Signet des Staatlichen Bauhauses, 1922

und Wandmalerei übernahmen, setzte einen kräftigen Akzent gegen die Dominanz von Itten. Bereits über die Mitarbeit der Werkstätten für das Haus Sommerfeld kam es zum Streit, der dann eskalierte, als Gropius bei seinem nächsten größeren Projekt, dem Umbau des Jenaer Stadttheaters, wiederum von Itten geleitete Werkstätten einbezog.

Die Auseinandersetzung zwischen Itten und Gropius um Werkstattarbeit fand vor dem Hintergrund der größten künstlerischen Herausforderung des Bauhauses statt, die schließlich zu einer Umwälzung der gesamten Konzeption führte. Im März 1921 kam Theo van Doesburg, Repräsentant der niederländischen De-Stijl-Bewegung nach Weimar, verkündete die neue Heilslehre dieser Kunstrichtung und schlug dort wie eine Bombe ein. Sein erklärter Gegner war Itten, mit dessen mönchsartiger Erscheinung er mit Anzug, schwarzem Hemd, weißer Krawatte und Monokel schon äußerlich modisch kontrastierte und dessen Subjektivismus er die universale Ordnungskraft von Horizontalen und Vertikalen sowie der drei Grundfarben gegenüberstellte. Das Programm von De Stijl war von Malern, Architekten und Designern 1917 mitten im Weltkrieg als eine radikale soziale und politische Utopie verkündet worden. Der Krieg wurde als Folge von individuellen und nationalen Interessen gesehen, denen De Stijl eine Lehre des Ausgleichs aller Gegensätze und der vollkommenen Harmonie entgegensetzte. Die polaren Kräfte des Lebens – natürlich und geistig, männlich und weiblich, negativ und positiv, statisch und dynamisch – sollten in der Kunst durch die Harmonie von Vertikalen und Horizontalen sowie durch die Grundfarben Gelb, Rot, Blau (inklusive Schwarz, Grau und Weiß) zum Ausgleich kommen und damit universale Harmonie bewirken. De Stijl zielte wie das Bauhaus auf das Zusammenwirken der Künste zu einem Einheitskunstwerk, das aber nicht aus dem Handwerk, sondern mit elementaren Formen und Farben, universal anwendbar und international gültig geschaffen werden sollte. Es ging um eine künstlerische, auch theoretisch ausformulierte Utopie, die über eine harmonische Vereinigung von Kunst und Leben auf einen universalen Weltfrieden zielte. Die Werke von De Stijl sind deshalb konzipiert als Vorschein einer idealen neuen Weltordnung.

Theo van Doesburg, der auf eine Anstellung am Bauhaus hoffte, richtete in Weimar sein Atelier ein, organisierte eine Ausstellung und hielt Vorträge. Seine starke Wirkung auf das Bauhaus malte er im Herbst 1921 karikierend auf eine Postkarte, auf der er das Hauptgebäude, über dem eine «De-Stijl-Sonne» prangte, vollständig mit Aufschriften «De Stijl» überzog. Die Gärung am Bauhaus zeigte sich nicht zuletzt daran, dass das bisherige offizielle expressive Bauhaussignet (Abb. 7), nach heftigen Auseinandersetzungen im Meisterrat durch ein kubistisch abgeklärtes Signet nach dem Entwurf von Oskar Schlemmer (Abb. 8) ersetzt wurde. Gropius war anfangs von Doesburg angetan, und plante sogar, ihm die farbliche Ausgestaltung des Theaters in Jena, das er gerade komplett umbaute, zu übertragen. Darüber kam es im September 1921 zum Streit, bei dem Gropius die Dominanz van Doesburgs klar wurde. Er behielt den Bau in seiner Hand und zog zur Ausstattung mehrere von Itten geleitete Werkstätten heran. Dies führte im Dezember 1921 zur heftigen Konfrontation mit Itten. In einer Brandrede wandte sich Gropius im Meisterrat gegen die Romantik individueller Gestaltung, verwies auf den Grundsatz im Bauhaus-Manifest «Die Schule ist Dienerin der Werkstatt, sie wird eines Tages in ihr aufgehen» und forderte Kontakte zu Industrie und Wirtschaft. Als Itten daraufhin erklärte, man müsse sich grundsätzlich entscheiden, «entweder im vollkommenen Gegensatz zur wirtschaftlichen Außenwelt individuelle Einzelarbeit zu leisten oder die Fühlung mit der Industrie zu suchen», wandte sich Gropius in einem Rundschreiben im Februar 1922 an die Meister und warnte davor, dass das Bauhaus nicht zu einer «Insel der Eigenbrötler» werden dürfe. Obwohl er selbst bei der Gründung 1919 die geheimen kleinen Baulogen beschworen hatte, erklärte er nun, man müsse in der Welt bleiben und deren Rhythmus in seinen Werken aufnehmen, bereits im Februar formulierte er das neue Leitmotiv «Kunst und Technik, eine neue Einheit». Allerdings glaubte er, dass der Kontakt zur Industrie und Werkarbeit nur allmählich gefunden werden könne. In den Werkstätten sollten mehr und mehr «typische Einzelstücke» geschaffen werden und somit die Maschine von ihrem Ungeist erlöst und ihr «Dämon» bezwungen werden.

Damit war Itten in die Schranken gewiesen, er zog sich zurück, gab sofort vier Werkstätten ab, verließ dann Anfang 1923 das Bauhaus und ging in ein Mazdaznan-Zentrum in der Schweiz. Theo van Doesburg richtete im Frühjahr 1922 De-Stijl-Kurse ein und konnte circa 30 Bauhäusler für seine Ideen gewinnen, aber der Meisterrat stellte sich gegen eine Berufung und die abtrünnigen Schüler wurden entweder schlecht benotet oder sogar exmittiert. Nach dem exzentrischen Itten wollte insbesondere Gropius keine neue dominante Leitfigur ans Bauhaus holen, sondern selbst wieder die Zügel in die Hand nehmen. Im Laufe des Jahres 1922 betonte er immer wieder den notwendigen Kontakt zur Produktion und steuerte seine Schule in eine neue Richtung. Mit seiner Parole «Kunst und Technik, eine neue Einheit» stellte er nicht nur die Devise von 1919 «Kunst und Handwerk – eine neue Einheit» auf den Kopf, sondern gab letztlich auch die romantische Utopie vom Einheitskunstwerk auf und erdete das Bauhaus für die zukünftige praktische Arbeit. Im Zuge dieser Neuorientierung wurden zentrale Elemente von De Stijl, aber auch des russischen Konstruktivismus, der 1922 über eine Ausstellung in Berlin bekannt wurde, in die gesamte Gestaltungsarbeit am Bauhaus integriert oder adaptiert. Van Doesburg, der merkte, dass er keine Stelle erhielt – im Frühjahr 1922 kam der russische Maler Wassily Kandinsky als Neuberufung –, entfaltete eine heftige Polemik gegen das Bauhaus als ein «von Mazdaznan und Expressionismus verseuchtes Künstlerkrankenhaus». Im September organisierte er noch einen «Kongress der Konstruktivisten und Dadaisten» in Weimar, auf dem der eigens aus Paris angereiste Dadaist Tristan Tzara das Bauhaus verhöhnte, aber er selbst konnte nicht Fuß fassen, verließ die Stadt Ende 1922 und bezog ein neues Atelier in Berlin.

Die Ideen von De Stijl, die sich auf die drei Leitbegriffe universal, elementar und international konzentrierten, blieben allerdings in Weimar, stülpten das gesamte von Itten dominierte Bauhaus um und bestimmten maßgeblich die künstlerischen Konzeptionen bis zum Weggang von Gropius 1928. De Stijl lieferte ein theoretisch fundiertes Generalprinzip und damit den von Gropius bislang nur proklamierten, nun aber konkretisierten «Generalnenner», der einer einheitlichen Gestaltung aller Erscheinungen der Lebenswelt zugrunde gelegt werden sollte. Anstelle subjektiver Formgebung sollte durch Abstraktion von individuellen Erscheinungen eine universale, allgemein gültige Gestaltung gesucht werden. Die Reduktion auf elementare Grundformen und Grundfarben und eine Ästhetisierung der Geometrie wurden zur Leitlinie am Gropius-Bauhaus und brachten einerseits die «Klassiker» des Bauhaus-Designs hervor vom Wassily-Stuhl Marcel Breuers (Abb. 20) über die Bauhaus-Leuchte von Wilhelm Wagenfeld (Abb. 13) bis zum Teekännchen von Marianne Brandt (Abb. 9), führte aber andererseits zu einem Formalismus, auf dem dann der «Bauhausstil» basierte. Den Anspruch auf internationale Gültigkeit formulierte Gropius im Titel der Architekturausstellung des Bauhauses 1923, und von dort avancierte dieser Leitbegriff als «International Style» zum Stilbegriff für das gesamte moderne Bauen.

Dass das Bauhaus nicht doch zu einem Ableger von De Stijl wurde, lag daran, dass im Laufe des Jahres 1922 Ideen von Le Corbusier, aber insbesondere die Konzepte des russischen Kon-

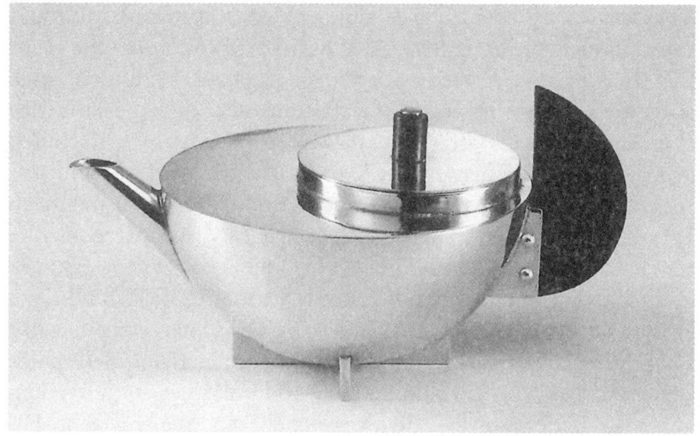

9 – Marianne Brandt, Tee-Extraktkännchen, 1924

struktivismus aufgenommen, adaptiert und mit der ästhetisierten Harmonielehre von De Stijl amalgamiert wurden. Über die Zeitschrift «L'Esprit Nouveau» wurde im Frühjahr Le Corbusiers radikale Forderung nach strikt funktional konzipierten «Wohnmaschinen» bekannt, darauf griff Gropius auf eigene frühere Ideen vom seriellen Bauen zurück und entwickelte ein variables Baukastensystem. Oskar Schlemmer verkündete, es sollten sachliche Objekte, die Zwecken dienen, geschaffen werden: «Statt Kathedralen die Wohnmaschine».

Von größter Bedeutung war jedoch die Auseinandersetzung mit den Ideen des Konstruktivismus und den an den russischen Kunstschulen nach der Revolution entwickelten Prinzipien der Gestaltung. Seit Anfang 1922 befand sich El Lissitzky, der an der Moskauer Kunstschule WChUTEMAS (Höhere künstlerisch-technische Werkstätten) unterrichtet hatte, in Berlin und vermittelte in Künstlerkreisen sowie über die von ihm herausgegebene Zeitschrift «Vešč – Objet – Gegenstand» deren Leitgedanken, dass Gestaltung «soziale Konstruktion» und «Organisation des Lebens» sei. Im Gegensatz zur bisher üblichen Lehre von der «Komposition», d.h. einer Gestaltung nach ästhetischen

Vorgaben, ging es an den WChUTEMAS um «Konstruktion», um organisierte, nach den Gesetzen von Ökonomie und Technik zusammengesetzte Gefüge. Alle Lebenszusammenhänge sollten erforscht und für die Gestaltung einer neuen politischen Ordnung in Dienst genommen werden. An den Kunstschulen wurden deshalb Themen wie Großstadtleben und Verkehr untersucht und mit Fotografie, Radio und Film experimentiert. Um das Bewusstsein der Menschen neu zu strukturieren, sollte die Kunst «organisierend ins Leben fließen», wie Alexander Rodtschenko in einem Manifest 1921 forderte. Er erfand dazu eine neue Form des Sehens, indem er bei seinen Arbeiten mit Diagonalen, Untersichten und Überblendungen dem Betrachter den Eindruck von Dynamik und Modernität vermittelte. Von zentraler Bedeutung bei den Versuchen, eine neue Welt in Parallele zur neuen sowjetischen Gesellschaft aufzubauen, war die «Überwindung der Schwerkraft»: die Gegenstände sollten aus ihren alten Zuständen herausgenommen und ins Schweben beziehungsweise in ein neues Gleichgewicht gebracht werden. In einer von Lissitzky betreuten großen Ausstellung über russische Kunst wurden im Oktober 1922 in der Galerie van Diemen in Berlin konstruktivistische Arbeiten gezeigt, die größte Wirkung auch am Bauhaus ausübten. Eine Gruppe ungarischer Studenten gab ein Manifest heraus und forderte eine «konstruktive, utilitäre, rationale und internationale» (KURI) Gestaltung. In dieser Situation, als Ittens Einfluss verschwand und De Stijl und Konstruktivismus ihre Anziehungskraft auf Schüler wie Lehrer entfalteten, verstand es Gropius, das ins Schlingern geratene Bauhaus, das weiterhin auch unter politischem und wirtschaftlichem Druck stand, auf einen neuen Kurs zu bringen.

Kunst und Technik, eine neue Einheit

Um das Bauhaus aus den Turbulenzen zu holen, strukturierte Gropius zum einen die Satzung neu und ließ die Ausbildung in ein klares Schema mit konzentrischen Kreisen gerinnen, das den Weg von einer für alle Studierenden gemeinsamen Vorlehre zu den einzelnen Werkstätten und von da ins Zentrum zum Bau aufzeigte (Abb. 10). Zum anderen trat er gleichsam die Flucht nach vorne an und plante eine große Leistungsschau, mit der alle Kräfte auf ein Ziel gebündelt und durch einen großen öffentlichen Auftritt eine Antwort auf die kontinuierliche Kritik an der Arbeit und am Konzept des Bauhauses gegeben werden sollten. In einem offiziellen Rundschreiben skizzierte er am 15. September 1922 eine umfassende Bauhaus-Ausstellung für Sommer 1923 und bat um Vorschläge für diese Schau, zu der auch Künstler des In- und Auslandes eingeladen werden sollten.

In einem großen Beitrag über «Idee und Entwicklung des Staatlichen Bauhauses zu Weimar» definierte Gropius im Januar 1923 die neue Richtung des Bauhauses, das die Maschine als modernstes Mittel der Gestaltung bejahe und die Auseinandersetzung mit ihr suche. Das Bauhaus sei keine Handwerkerschule, dort werde keine handwerkliche Eigenbrötelei gezüchtet, sondern aus der bewussten Verbindung mit der Industrie sollten Versuchswerkstätten aufgebaut werden, in denen vervielfältigungsreife Normstücke produziert werden, «deren einheitliche Gestalt in der Gemeinschaftsarbeit der Künstler und Techniker gleichzeitig in Form und Konstruktion durchgebildet wird». Die Einheitlichkeit sollte dadurch erreicht werden, dass während der ganzen Dauer der Ausbildung eine «Harmonisierungslehre» erteilt wurde. Mit diesem Ansatz, der explizit allerdings nur von der Musikpädagogin Gertrud Grunow parallel zum Vorkurs unterrichtet wurde, erhoffte sich Gropius eine eigenständige Verknüpfung der universalen Harmonielehre von

De Stijl mit den Arbeiten zu Gleichgewichts- und Schwebezuständen der Konstruktivisten. Mit Blick auf den öffentlichen Auftritt im Sommer warnte Gropius wieder nachdrücklich davor, dass das Bauhaus nicht zu einem «parteipolitischen Kampfobjekt herabgewürdigt» und verhetzt werden dürfe. Als Oskar Schlemmer im Februar einen Prospekt für die Sommer-Ausstellung vorbereitete und darin das Bauhaus als Sammelpunkt derer bezeichnete, «die zukunftsgläubig-himmelstürmend die Kathedrale des Sozialismus bauen wollen», ließ Gropius aus der bereits gedruckten Auflage die entsprechende Seite entfernen. Wie recht er mit seiner Befürchtung hatte, mit dieser Formulierung noch mehr in die Mühlen der Parteipolitik zu geraten, zeigte sich, als das doch kolportierte Wort von der «Kathedrale des Sozialismus» ein Jahr später im Landtag eine wichtige Rolle bei der Demontage des Bauhauses spielte.

Zur Umsetzung des Kurswechsels am Bauhaus holte Gropius im März 1923 auf Empfehlung seines Freundes und Beraters Adolf Behne den 28-jährigen ungarischen Künstler László Moholy-Nagy (Abb. 11) als Nachfolger von Itten ans Bauhaus. Damit umging Gropius sowohl Theo van Doesburg wie auch El Lissitzky, die stärksten Persönlichkeiten der beiden Kunstauffassungen, die das Bauhaus umtrieben. Moholy-Nagy verstand es nicht nur, die Impulse von De Stijl und Konstruktivismus aufzunehmen und daraus etwas Eigenständiges zu formen, sondern er erwies sich auch als treibende Kraft, dem Bauhaus immer wieder neue Ideen zuzuführen und diese zu verwirklichen. 1920 war er nach Berlin gekommen und hatte sich als künstlerischer Autodidakt bei seinen eigenen Arbeiten besonders an den konstruktivistischen Material- und Gleichgewichtsstudien orientiert. Seine Fähigkeit zur Adaption von neuen künstlerischen Entwicklungen erregte deshalb auch manchmal Anstoß, Lissitzky nannte ihn einen «Schnellläufer». Am Bauhaus übernahm er die Leitung des Vorkurses und der Metallwerkstatt.

Der Vorkurs wurde auf zwei Semester verlängert und in eine zweigeteilte Elementarlehre verändert, bei der Intuition und Zeichnen, die Basis von Ittens Unterricht, kaum mehr eine Rolle spielten. Der Volksschullehrer Josef Albers, der seit 1920 selbst

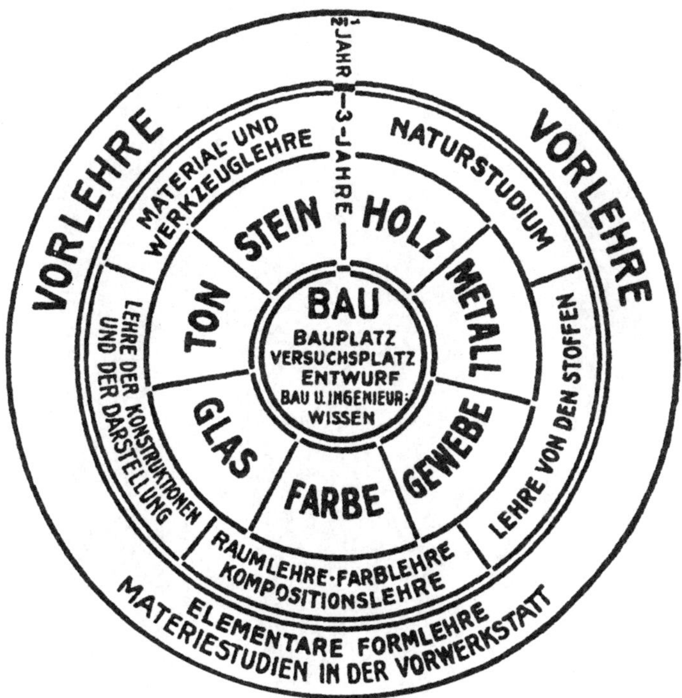

10 – Walter Gropius, Schema zum Aufbau der Lehre am Bauhaus, 1922

am Bauhaus studiert hatte, unterrichtete den Teil «Werklehre», in dem die Schüler mit der Beschaffenheit sowie der Bearbeitung und Kombination verschiedener Materialien streng fachlich rational vertraut gemacht wurden (Abb. 12). Dieser Vorbereitung auf die spätere Arbeit in einer Werkstatt korrespondierten die von Moholy-Nagy vermittelten «Gestaltungsstudien», bei denen dreidimensionale Objekte aus Glas, Holz oder Metall in einen asymmetrischen Gleichgewichts- und Balancezustand in der Art der Studien an den russischen WChUTEMAS gebracht wurden. Auch die von El Lissitzky erfundenen «Prounen», eine im Raum schwebende Gestaltung, mit der unten und oben, innen und außen aufgehoben und eine «neue Welt» geschaffen

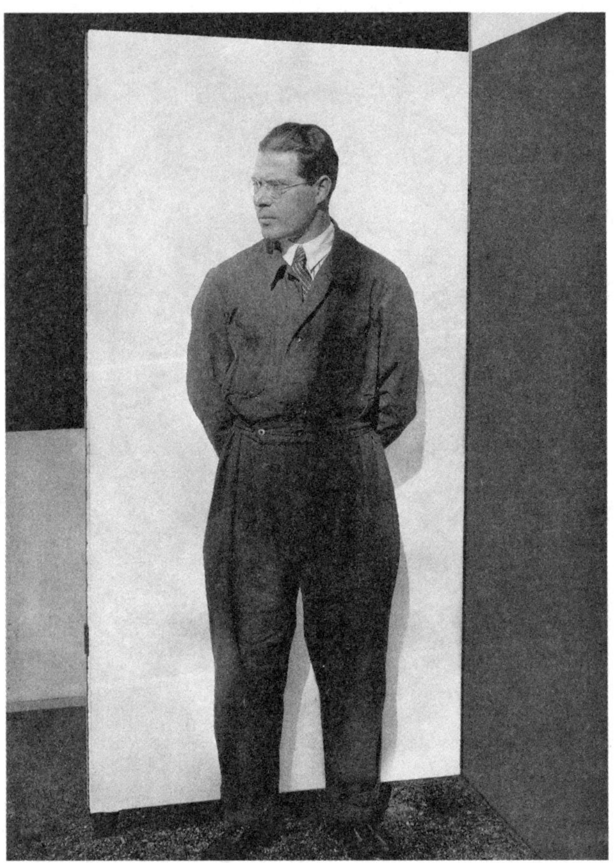

11 – László Moholy-Nagy, 1926

werden soll, dienten als Vorbild. Das Konstruieren von Schwebezuständen entsprechend den Materialbedingungen und Gravitationskräften war eine bewusste Abkehr vom traditionellen Komponieren nach ästhetischen Gesichtspunkten und diente zur Einübung in ein Gestalten nach elementaren Prinzipien. Ergänzt wurde der Unterricht im Vorkurs durch Unterrichtseinheiten von Klee und Kandinsky sowie «Werkzeichnen» bei Gro-

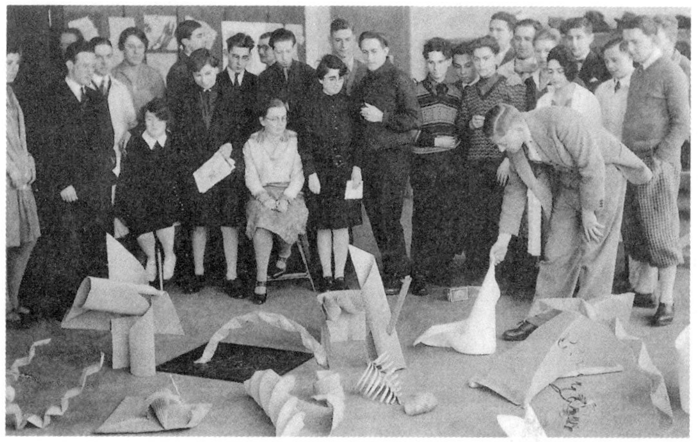

12 – Besprechung von Schülerarbeiten im Vorkurs mit Josef Albers, Dessau 1928/29

pius und seinem Büropartner Adolf Meyer, der eine Stelle als «außerordentlicher Meister» am Bauhaus innehatte. Vorträge von eingeladenen Wissenschaftlern zu Philosophie und Literatur sowie Veranstaltungen mit Tanz oder Musik rundeten das Programm ab, eröffneten den Studierenden neue Themen und lieferten kontinuierlich Anregungen und Diskussionsstoff.

Die Metallwerkstatt, die bislang der Ausbildung von Gold- und Silberschmieden gedient hatte, wurde von Moholy-Nagy komplett umgestülpt und in ein Laboratorium für Materialexperimente aller Art umgewandelt. Den experimentellen, ingenieurmäßig praxisbezogenen Ansatz brachte er demonstrativ durch einen monteurähnlichen Anzug, dem krassen Gegenstück zu Ittens Mönchskutte, zum Ausdruck. Der nicht an Traditionen gebundene Ingenieur galt vielfach als die Verkörperung eines radikalen – nach einem Begriff Walter Benjamins – «Vonvornbeginnens», Moholy repräsentierte somit schon in seinem eigenen Auftreten die Devise «Kunst und Technik, eine neue Einheit». Er forcierte den Einsatz von Maschinen und suchte den Kontakt zur Industrie, die Material lieferte und für die er Prototypen entwickeln ließ. Das Aufgabenspektrum verschob sich deshalb zur Gestaltung von Leuchten und Hausgerät. Durch die Reduktion auf elementare Formen in Kombination mit funktionalem Ausdruck entstand in der Metallwerkstatt schon 1923 durch die Studenten Carl J. Jucker und Wilhelm Wagenfeld eine Leuchte (Abb. 13), die geradezu zum Markenzeichen von Bauhausgestaltung wurde: über einer kreisförmigen Metall- oder Glasplatte erhebt sich ein gläserner Zylinder, auf dem die kugelförmige Haube aufsitzt. Elektrokabel und Schalter sind offen ablesbar in die Metall-Glaskonstruktion integriert, die somit die Einheit aus Kunst und Technik, Elementarismus und Funktionalität geradezu sinnbildlich repräsentiert.

Von größter Bedeutung für die weitere Entwicklung des Bauhauses war Moholys Interesse, die Materialien und Ausdrucksmittel der modernen Massenkultur wie Film, Foto, Lichttechnik und Maschine sowie die Themen Großstadt und Mobilität in die Gestaltungsarbeit einzubeziehen und den Gestaltungsvorgang selbst von subjektiven, individuellen Elementen zu befreien. Gestaltung sollte nicht mehr eine persönliche Handschrift, sondern technische Reproduzierbarkeit und Integration der Dynamik des modernen Lebens zum Ziel haben. Bei diesem Ansatz war seine Frau, Lucia Moholy, die mit ihm ans Bauhaus kam, von größter Bedeutung, denn sie erhielt 1923/24 eine Ausbildung als Photographin und konnte somit die Umsetzung von Photographie für graphische und gestalterische Zwecke fachkundig vermitteln. Allerdings bekam sie keine Anstellung und blieb aufgrund der stark von männlichen Rollenbildern geprägten Ausbildung mit ihrer Leistung immer im Hintergrund.

Der mit der Berufung Moholys verbundene Kurswechsel und die Devise «Kunst und Technik» stießen bei den Meistern Feininger, Kandinsky, Klee, Muche und Schlemmer auf weitgehende Ablehnung. Sie befürchteten eine «Amerikanisierung», eine Vergötzung der Maschine, einen Verlust des «Gottesfunkens der Kunst». Klee sah bei Moholy eine «Schablonengeistigkeit» und Gerhard Marcks, der ohnehin mit seiner Töpferwerkstatt in Dornburg etwas abseits der Schule saß, wandte sich gegen das «moholysierte» Bauhaus. Letztlich fügten sich aber alle

Metallwerkstatt

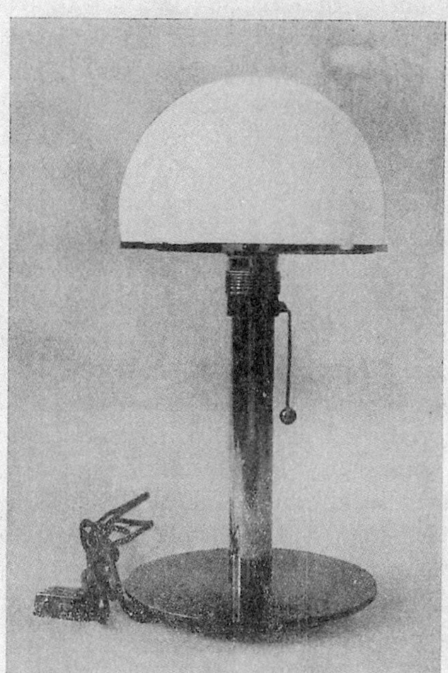

gesch.
Höhe ca. 35 cm

AUSFÜHRUNG

Messing vernickelt, Glasschirm, Zugfassung

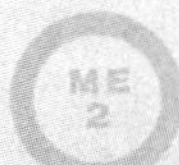

TISCHLAMPE AUS METALL

VORTEILE

1 beste Lichtzerstreuung (genau erprobt) mit Jenaer Schottglas
2 sehr stabil
3 einfachste, gefällige Form
4 praktisch für Schreibtisch, Nachttisch usw.
5 Glocke festgeschraubt, bleibt in jeder Lage unbeweglich

13 – Carl J. Jucker, Wilhelm Wagenfeld, «Bauhaus-Leuchte», Einlegeblatt für den «Katalog der Muster», 1925

dem von Gropius verordneten neuen Motto und der Direktor selbst stand so eindeutig hinter Moholy, dass dieser vielfach als «Ministerpräsident» am Bauhaus bezeichnet wurde. Ihm ist es entscheidend zu verdanken, dass die bis dahin diffuse Reformschule einen eigenen Ausdruck, eine Art Corporate Identity erhielt. Dazu trug auch die Gestaltung von Druckschriften und der ab 1925 produzierten Bauhaus-Bücher mit einer charakteristischen, von Lissitzky entliehenen Typographie bei. Moholys Offenheit für Experimente und alle Elemente der modernen Lebenswelt ließen das Bauhaus allmählich zu dem werden, wofür es dann später international berühmt wurde, zu einer Experimentierstätte für die Formgebung der modernen Welt.

Dass die Wendung zu Maschine und Industrieproduktion in einer Balance gehalten und das Bauhaus nicht zu einer Gewerbeschule wurde, dafür sorgten die Maler, die zur Technisierung ein künstlerisches Gegengewicht bildeten, aber auch selbst auf die neue Entwicklung reagierten. So lässt sich beispielsweise bei den Arbeiten von Klee und Kandinsky eine stärkere Geometrisierung der Formensprache und die Anwendung von Spritztechniken erkennen, mit denen die Handschrift anonymisiert wird. Wassily Kandinsky übernahm Mitte 1922 die Werkstatt für Wandmalerei und unterrichtete im Rahmen der Formlehre einen «Gestaltungsunterricht Farbe», bei dem das Wesen der Farbe und der Zusammenhang zwischen Farbe und Form untersucht wurden (Abb. 14). Wie bei seinen eigenen Gemälden ging Kandinsky dabei ganz introspektiv und subjektiv vor: Die Schüler sollten das Wesen, den «Klang» der Farben durch einen Blick in ihr eigenes Inneres erspüren, beziehungsweise durch Hineinhören in die durch die Farbe ausgelösten «inneren Klänge» empfinden. Kandinskys Ausgangspunkt waren dabei die drei Grundfarben Rot-Gelb-Blau, denen er assoziativ Quadrat-Dreieck-Kreis zuordnete. Dies erinnerte zwar an die Elementarlehre von De Stijl, war aber letztlich eine völlig subjektive Festlegung. Wissenschaftlich basierte Farblehren interessierten Kandinsky nicht, psycho-physiologische Untersuchungen kannte er nicht. Mit Fragebögen ließ er sich seine eigene Zuordnung von den Schülern, die natürlich das gewünschte Ergebnis längst kannten, bestätigen. Die Farb-Form-Zusammenhänge dozierte der als Lehrer nicht sonderlich beliebte Kandinsky geradezu dogmatisch autoritär als ein System, das sich wissenschaftlich gebärdete, aber jeder Logik und Nachprüfbarkeit entbehrte. Schlemmer, der eine ganz andere Farb-Form-Verknüpfung präferierte, erklärte ironisch: «Es wurde beschlossen, dass Gelb für Dreieck, Blau für Kreis und Rot für Quadrat die entsprechende elementare Farbe sei, und zwar ein für alle mal.» Kandinskys Marotte wurde zwar keineswegs von allen ernst genommen, aber aus dieser Kombination entwickelte sich durch die grafische Umsetzung für Werbematerial allmählich eine Art Bauhaus-Signet.

Den zweiten Teil von Kandinskys Unterricht bildete das «analytische Zeichnen». Die Schüler mussten Stillleben oder Figuren auf ihre kompositorischen Spannungen untersuchen und diese wiederum rein assoziativ erfassten Kräfte in mehreren Schritten in ein Gerüst in der Art eines abstrakten Bildes umsetzen. Letztlich wurde dabei von den Schülern Kandinskys eigener Weg zur Abstraktion aus den Jahren 1908 bis 1914 nachvollzogen, als dieser glaubte, Gegenstände so reduziert darstellen zu können, dass sie nur noch Erinnerungen und Assoziationen hervorriefen. Hannes Meyer bezeichnete später die den Schülern durch Kandinsky aufoktroyierte Introspektion als «inzüchtige Theorie», die «jeden Zugang zu lebensrichtiger Gestaltung» versperre.

Wesentlich bedeutsamer für die künstlerische Ausbildung am Bauhaus war der Unterricht von Paul Klee, der bis April 1922 die Buchbinderei sowie anschließend die Werkstatt für Glasmalerei leitete und im zweiten Semester des Vorkurses die «Elementare Gestaltungslehre der Fläche» unterrichtete. Seine Kurse arbeitete er intensiv und detailliert aus und entwickelte auf circa 3900 Seiten mit Grafiken, Diagrammen und Texten eine «bildnerische Formlehre», die zu den bedeutendsten Reflexionen eines Künstlers über Form- und Gestaltungsprozesse zählt. Indem Klee seine eigene Arbeitsweise und seine eigenen Bilder analysierte, konnten die Schüler am bildnerischen Denken eines genialen Künstlers teilhaben. Klee übersetzte dabei Gestaltungsprozesse in Natur- und Wachstumsprozesse und analysierte künstlerische Produktion als organisches Wachstum, sodass die Schüler ein Bild als Organismus verstehen lernten. Dadurch, dass er die Entwicklung eines Kunstwerks Stück für Stück als einen naturparallelen Prozess der Organisation von Flächen, Farben und Linien sowie deren Zusammenklang erläuterte, zeigte er die unendliche Vielfalt von Gestaltungsmöglichkeiten auf, die die Schüler wiederum in einfachen Aufgaben nachvollziehen konnten. Die analytische Zerlegung der Gestaltungselemente und deren Möglichkeiten der Variation sollten zu einer rationalen Klärung der Arbeitsmittel führen, auf deren Basis dann der synthetische Aufbau eines Bildorganismus und der Zusammenklang aller Elemente zu einem «polyphonen» Kunstwerk erfolgen konnten. Aber obwohl Klee eine Art «Generalbass der Künste» zu vermitteln versuchte und ein «Pädagogisches Skizzenbuch» sowie «exakte Versuche im Bereich der Kunst» vorlegte, lehrte er nie dogmatisch oder rezepthaft, sondern war sich immer bewusst, dass der künstlerische Gestaltungsprozess letztlich nicht erfassbar ist: «Im obersten Kreis steht hinter der Vieldeutigkeit ein letztes Geheimnis, und das Licht der Vernunft erlischt kläglich.»

Durch seine überragende Künstlerpersönlichkeit wirkte Klee als moralische Instanz, der von den Studenten als «Buddha» verehrt wurde und dessen Bedeutung für das Bauhaus kaum zu überschätzen ist. Die Künstler und insbesondere Klee bildeten ein Korrektiv zur technischen Ausbildung, und die Wechselwirkung zwischen rationaler Schulung für funktionale Aufgaben und künstlerischem Freiraum für Intuition war entscheidend für die einmalige Atmosphäre am Bauhaus. Auf diese beiden Seiten verwies Klee selbst, als er zur Bauhaus-Ausstellung im Sommer 1923 im Rahmen einer Postkartenserie ein Bildpaar entwarf. «Die erhabene Seite» (Abb. 15) zeigt ein Gebilde aus Quadraten, Dreiecken und Kreisen in den Primärfarben Rot, Gelb und Blau, über dem sich eine Architektur erhebt. Hier wird auf die elementare Formen- und Farbwelt von De Stijl sowie auf die Geometrisierung und die rationale Welt des Konstruktivismus verwiesen. «Die heitere Seite» (Abb. 16) zeigt dagegen die spielerisch künstlerische Welt am Bauhaus, die Klee in

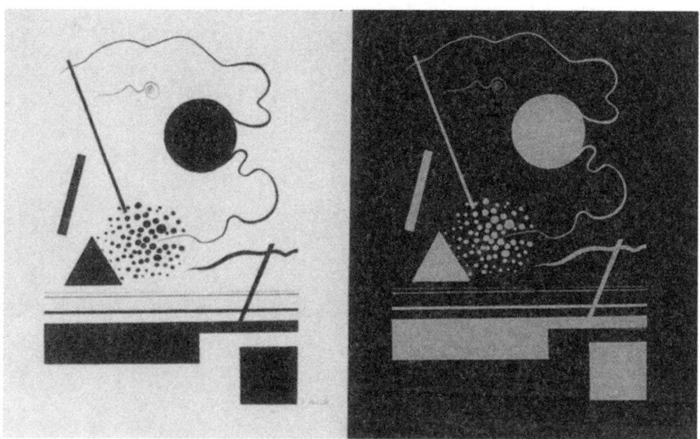

14 – Ludwig Hirschfeld-Mack, Gleiche Elemente auf schwarzem und weißem Grund, um 1922. Mit solchen Farbtafeln wurde die unterschiedliche räumliche Wirkung von Farben demonstriert.

jenen nur scheinbar naiven Formen gestaltete, mit denen er in seiner Bildwelt in einem schöpferischen Akt «das Unsichtbare sichtbar» machte. Das leicht instabile Gebilde der «erhabenen Seite» auf dem ein «Kopf-Bau» steht, verweist auf die menschlichen Dimensionen und ironisiert das Pathos, mit dem der Anspruch auf Gestaltung eines Gesamtkunstwerks vorgetragen wurde. Mit ähnlich tiefsinniger Ironie lieferte Klee eine eigene Darstellung des Bauhausprogramms, das er als große Scheibe an einer kleinen Fahnenstange illustrierte, an der oben zwei Wimpel mit der Inschrift «Propagierung-Verlag» hängen. Im Gegensatz zum offiziellen konzentrisch angelegten Schaubild des Studiengangs zeigt Klee eine sternförmige Verzahnung von Form- und Werklehre, und ins Zentrum setzte er nicht den «Bau mit Versuchsplatz», sondern «Bau und Bühne». Damit variierte er das Motto «Kunst und Technik» und verwies nachdrücklich auf die Zusammengehörigkeit und wechselseitige Ergänzung von Rationalität und Sinnlichkeit, von Ernst und Spiel, die das Bauhaus so einzigartig machten. Mit dem Hinweis auf einen

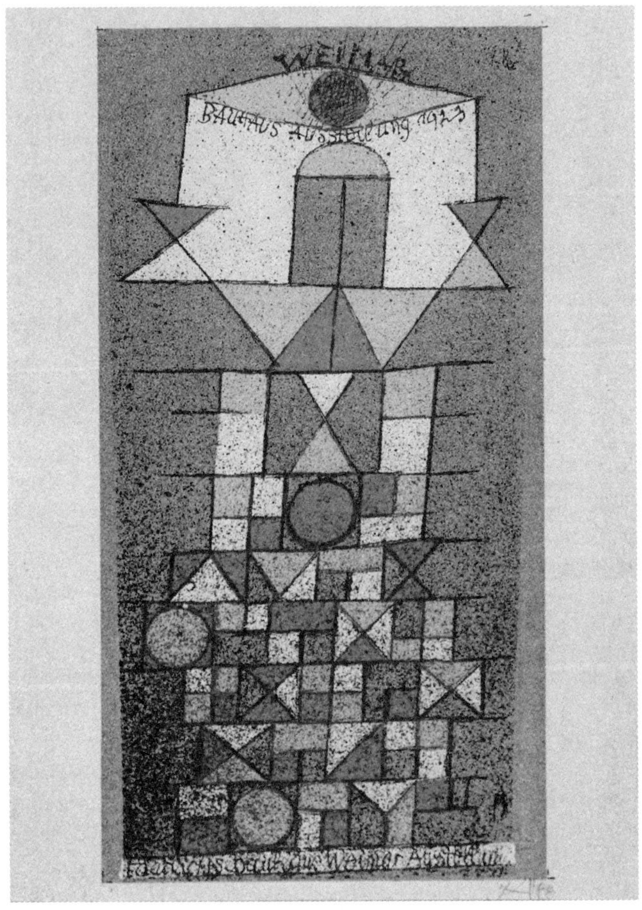

15 – Paul Klee, Die erhabene Seite des Bauhauses, 1923

Propaganda-Verlag ironisierte er gleichzeitig den großen Werberummel, mit dem das Bauhaus sich im Sommer 1923 selbst inszenierte.

Gropius mobilisierte alle Kräfte und Mittel, um den ersten großen öffentlichen Auftritt des Bauhauses nach einer über vier-

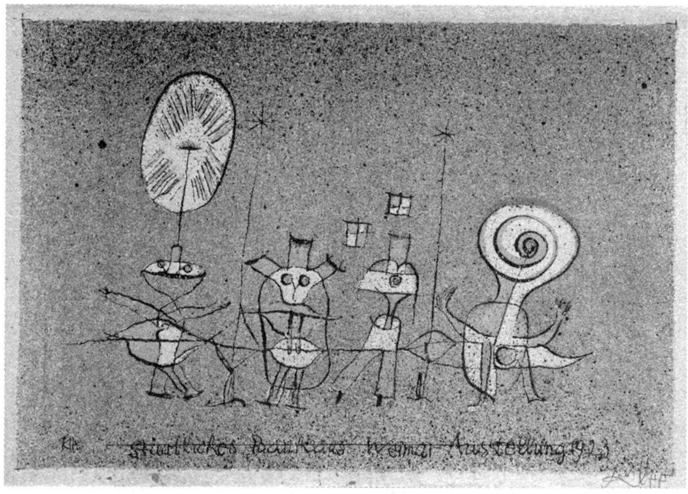

16 – Paul Klee, Die heitere Seite des Bauhauses, 1923

jährigen Experimentierphase zu einem Erfolg zu führen. Im Oktober 1922 rief er einen «Ausnahmezustand» aus und nahm alle Werkstätten und alle am Bauhaus Tätigen, auch die Formmeister, in die Pflicht, dass jegliche Arbeit in Beziehung zur geplanten Ausstellung stehen müsse. Trotzdem stand die aufwendig geplante Leistungsschau mehrmals auf der Kippe, da wenig Erfahrung für die Umsetzung des umfangreichen und anspruchsvollen Programms vorhanden war, und zudem zeichneten sich infolge der galoppierenden Inflation enorme Probleme mit der Finanzierung ab. Der Syndikus des Bauhauses, Emil Lange, sagte bereits im März 1923 ein finanzielles Desaster voraus, darauf kam es zu einem mehrfachen Wechsel der Organisatoren. Für die «Internationale Kunstausstellung» im Landesmuseum gelang es Gropius erst zum 1. Juli mit Graf Wilhelm von Kielmansegg, dem früheren Assistenten der Galerie Flechtheim, einen erfahrenen Fachmann zu gewinnen, gezeigt wurden dann nur «Freie Arbeiten der Meister, Gesellen und Lehrlinge» des Bauhauses. Nach der missratenen Probeaufführung eines kultisch-religiösen Spiels der Bauhausbühne trat deren Leiter, Lothar Schreyer, zurück, worauf Oskar Schlemmer kurzfristig einsprang und eine Aufführung seines bereits in Stuttgart gezeigten Triadischen Balletts organisierte. Aufgrund der vielen Probleme musste die ursprünglich für den 25. Juli geplante Ausstellung auf den 15. August verschoben werden, letztendlich fand jedoch in den Räumen der beiden Schulgebäude sowie im Landesmuseum bis zum 30. September ein dichtes Programm statt, das von 15 000 Besuchern begleitet und in über 200 Presseartikeln im In- und Ausland kommentiert wurde.

Zur Eröffnung lobte Staatsminister Greil für die Thüringische Regierung das Bauhaus als ein «Stück radikaler Schulreform», der Reichskunstwart Edwin Redslob überbrachte die Wünsche der Reichsregierung und Gropius hielt einen programmatischen Vortrag über «Kunst und Technik, eine neue Einheit». An den folgenden Tagen sprach der Rotterdamer Stadtbaumeister J.J.P. Oud über die Entwicklung der modernen Baukunst in Holland, es folgten Theater- und Kinoprogramme und im Nationaltheater wurden Stücke von Hindemith und Busoni sowie unter der Leitung von Hermann Scherchen Strawinskys «Geschichte vom Soldaten» aufgeführt. Die beiden Schulbauten erhielten neue künstlerische Ausstattungen: Im Werkstattgebäude malte Schlemmer die Wände des Treppenhauses mit einer Figurengruppe aus, und im Hauptbau wurde van de Veldes geschwungene Treppe verkleidet, dazu schuf der Bauhäusler Joost Schmidt zwei abstrakt geometrische Reliefs, und Herbert Bayer gestaltete eine grafische Orientierung an drei Wänden im Nebentreppenhaus. In den beiden obersten Geschossen waren in den Gängen und Sälen Arbeiten der Studierenden ausgestellt, und im ersten Obergeschoss konnte als besonderer Anziehungspunkt das von Gropius persönlich neu gestaltete Direktorenzimmer besichtigt werden (Abb. 17). Der Raum und die gesamte Ausstattung waren bis ins letzte Detail nach einem rigiden orthogonalen Koordinatensystem konzipiert und formalistisch in ein Quadrat-Schema gepresst. Die programmatische Gestaltung basiert auf einer Übernahme der De-Stijl-Prinzipien, einer Balance geometrischer Grundformen und der Reduktion auf Grund-

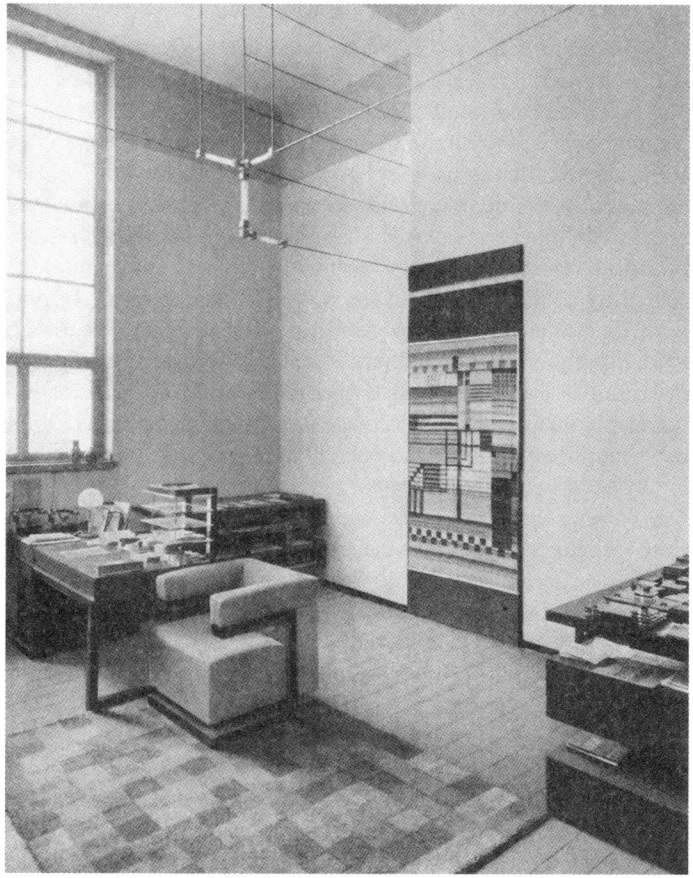

17 – Walter Gropius, Direktorenzimmer Weimar, um 1924

farben. Die Deckenleuchte wurde sogar einer kurz vorher von Gerrit Rietveld geschaffenen stabartigen Leuchte genau nachgebildet. Aber Gropius ging über die auf Flächen bezogene Gestaltung von De Stijl hinaus und zeigte in seinem Büro eine eigenständige räumliche, wenn auch völlig schematische Umsetzung der De-Stijl-Elemente. Diese räumliche Adaption der Elementarlehre Theo van Doesburgs bildete einen Kern der weiteren Arbeit am Bauhaus bis zu Gropius' Weggang.

Im Flur und in zwei Räumen des ersten Obergeschosses war auch die «Internationale Architekturausstellung» zu sehen, die Gropius mit Unterstützung von Adolf Behne konzipiert und in wenigen Monaten umgesetzt hatte. In seinem Einladungsschreiben an ausgewählte Architekten formulierte er, dass er mit dieser Ausstellung «absichtlich einseitig» nur die «dynamisch-funktionelle» ornamentlose Seite der modernen Architektur zeigen wolle. Das Wesen dieses «neuen Baugedankens» formulierte er im einleitenden programmatischen Beitrag der großen Begleitpublikation zur Bauhauswoche: «Wir wollen den klaren organischen Bauleib schaffen, nackt und strahlend aus innerem Gesetz heraus, ohne Lügen und Verspieltheiten, der unsere Welt der Maschinen, Drähte und Schnellfahrzeuge bejaht, der seinen Sinn und Zweck aus sich selbst heraus durch die Spannung seiner Baumassen zueinander funktionell verdeutlicht und alles Entbehrliche abstößt, das die absolute Gestalt des Baues verschleiert.» Zieht man das rhetorische Pathos von diesem Programm ab, dann formuliert Gropius hier genau das, was er 1912/13 über die «stilbildende Kraft» der modernen Technik und Industrie im Rahmen seiner Arbeit für den Deutschen Werkbund propagiert hatte. Mit der Forderung, den Kräften der modernen Welt nach ihren eigenen Gesetzmäßigkeiten Form zu geben und somit die Welt der Technik und Industrie in der ihr eigenen Schönheit zu gestalten, war Gropius wieder beim Programm des Deutschen Werkbunds angelangt, von dem er sich zwischenzeitlich entfernt hatte. Bezeichnenderweise gelang es ihm auch, dass parallel zur Bauhauswoche die Jahrestagung des Werkbunds in Weimar stattfand.

Mit der Einladung von 18 ausländischen und 14 deutschen Architekten, von denen nur kubische ornamentlose Arbeiten gezeigt wurden, sollte die Botschaft vermittelt werden, dass der neue Baugedanke international im Heranwachsen sei. 1932 wurde dieser Ansatz auf einer Ausstellung in New York dann als «International Style» kanonisiert. Es gelang Gropius zwar nicht, Arbeiten von russischen Architekten, die er unbedingt einbezie-

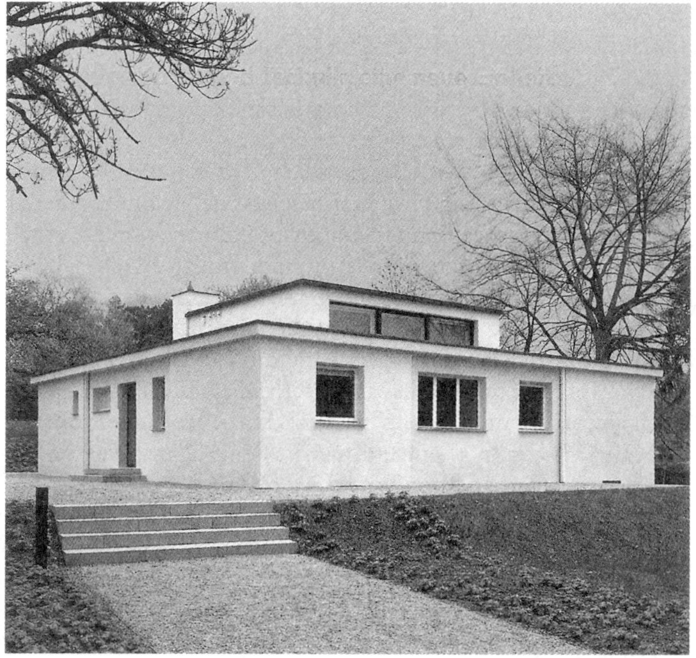

18 – Georg Muche (Idee) und Adolf Meyer (Planung und Ausführung): «Musterhaus Am Horn» für die Bauhaus-Ausstellung, 1923

hen wollte, zu zeigen, aber mit Projekten von Le Corbusier, Erich Mendelsohn und Mies van der Rohe sowie Bauten aus Holland und der Tschechoslowakei und einer Fotoschau mit Industriebauten rahmte er seine eigenen Entwürfe und suchte damit letztlich auch, seiner Arbeit am Bauhaus internationalen Rückhalt zu geben. Den bewusst verengten Blick auf moderne Architektur, der dazu führte, dass etwa die organisch expressive Moderne von Hans Scharoun abwesend war, kritisierte Adolf Behne als Versuch, einen «Stil unserer Zeit» nach dem Prinzip unbedingter Sachlichkeit zu konstruieren, man sollte aber «nicht als Resultat vorwegnehmen, was immer noch Gegenstand der Auseinandersetzung ist».

Das größte Objekt der Bauhaus-Ausstellung war das «Haus am Horn» (Abb. 18), das nur einige Hundert Meter entfernt von Goethes Gartenhaus entstand und deshalb die Kritik besonders herausforderte. Gropius wollte ein Beispiel seines «Baukastens im Großen» präsentieren, aber die Studenten erreichten, dass ein Musterhaus geschaffen und mit Arbeiten aus allen Werkstätten bis hin zu Leuchten und Teppichen ausgestattet wurde, damit das erstrebte Einheitskunstwerk sichtbar werden konnte. Nach einem internen Wettbewerb wurde der Entwurf des Malers Georg Muche ausgewählt, und das Baubüro Gropius übernahm unter Leitung von Adolf Meyer nur die Ausführung. Für den quadratischen Bau mit einem überhöhten inneren Wohnraum nannte Muche das römische Atriumhaus als Vorbild. Funktional war das Gebäude wenig brauchbar, da alle Räume um den zentralen Wohnraum angeordnet waren, der somit immer durchquert werden musste, und der nur über ein Oberlichtband Licht erhielt. Die Finanzierung übernahm Gropius' Freund, der Bauunternehmer Adolf Sommerfeld, der aufgrund der Inflation enorme Summen investieren musste. Von Kritikern wurde das Haus am Horn fast durchweg negativ besprochen, sie fühlten sich an ein «Sammelbecken einer Hochdruckleitung» oder an ein Toilettenhäuschen erinnert.

Insgesamt gesehen brachte die erste Selbstdarstellung dem Bauhaus große Aufmerksamkeit, und die Vielfalt der Aktivitäten wurde gelobt, aber die heterogenen Exponate, die sowohl aus der expressiven Ittenschule als auch aus dem gegensätzlichen Unterricht bei Albers und Moholy stammten, wie auch der generelle Hang zur Geometrisierung zogen auch viel Kritik auf sich. So bezeichnete Moholy selbst die ausgestellte Studentenarbeit einer ausziehbaren Wandlampe als «Dinosaurier», und der Berliner Kunstkritiker Paul Westheim schrieb im renommierten Kunstblatt: «Drei Tage in Weimar, und man kann auf Lebenszeit kein Quadrat mehr sehen.» Adolf Behne anerkannte die Bemühungen, auf der Basis von funktionaler Sachlichkeit einen «neuen europäischen Stil» schaffen zu wollen, aber er warnte davor, «aus der Geraden und dem rechten Winkel, aus der Geometrisierung ein formales Prinzip und also ein Mittel äußerlicher Stilisierung zu machen». Damit benannte er das Leitthema, aber auch die immanente Problematik der Bauhausarbeit unter Gropius, nämlich eine durchgehende Ästhetisierung geometrischer Gestaltung.

Ein Hauptziel der Ausstellung war die Kontaktaufnahme mit der Industrie, um den neuen Kurs zur Produktion von Typen und «Normen» in den Bauhaus-Werkstätten zu stärken. Zwar wurden nur wenige Verkäufe getätigt und finanziell war die Ausstellung ein Misserfolg, aber das neue Design erregte Aufmerksamkeit, es kamen Anfragen aus der Industrie, und als das Bauhaus bei der Leipziger Messe im Frühjahr 1924 seine Produkte ausstellte, konnten Verträge mit zahlreichen Firmen geschlossen werden, sodass die Bauhauswerkstätten monatelang mit Aufträgen versorgt waren. Damit trug die von Gropius systematisch betriebene Umstrukturierung der Werkstätten in Produktivbetriebe erste Früchte. Zusammen mit dem Syndikus Emil Lange war bereits im Juli 1923 eine getrennte Buchführung für die rein schulischen Werkstätten und für die auf Aufträge orientierten Produktivbetriebe eingeführt worden. Durch eine strikte Wendung zur Produktion von Typen und zu Auftragsarbeiten sollte das geringe Budget des Bauhauses, das aufgrund der schlechten Wirtschaftslage ständig an Kaufkraft verlor, entlastet werden. In den Produktivwerkstätten wurden dann im Juli 1923 sieben Bauhausstudenten als «Bauhausgesellen» angestellt und aus den Produkterlösen finanziert. Einige Bauhausprodukte, wie beispielsweise die Tischleuchte sowie Teekugeln und Teedosen wurden nun in kleinen Serien hergestellt, aber da kein Industriebetrieb die Produktion übernahm, mussten die Objekte handwerklich produziert und maschinelle Perfektion simuliert werden. Die Produkte waren somit zu teuer und unwirtschaftlich, erst nach der Übersiedelung nach Dessau kam es zu praktikablen Industriekooperationen.

Um die kritische Finanzlage am Bauhaus zu verbessern, betrieb Gropius mit aller Macht die Gründung einer Vertriebsgesellschaft, die sich auf privatwirtschaftlicher Basis als GmbH durch Verkauf und Verwertung der Bauhausprodukte finanzieren und den staatlichen Etat damit entlasten sollte. Aber diese

Bemühungen kamen von zwei Seiten unter Druck. Zum einen verschlechterte sich die wirtschaftliche Lage in ganz Deutschland infolge der rasanten Inflation, und zum anderen veränderten sich die politischen Machtverhältnisse. Im Zuge von Unruhen marschierten im November 1923 Truppen der Reichswehr in Thüringen ein, die von der SPD angeführte Regierung trat zurück, der Landtag wurde aufgelöst und Neuwahlen angesetzt. Im Wahlkampf diente das Bauhaus als Zielscheibe für den deutschnationalen und nationalliberalen «Ordnungsbund». Der Versuch von Gropius, noch kurzfristig eine GmbH zu gründen, für die er bereits Geldgeber organisiert hatte, scheiterte. Die rechten Kräfte gingen bei der Wahl als Sieger hervor und bildeten am 12. Februar 1924 eine neue «Ordnungsbundregierung». Der erklärte Gegner des Bauhauses, Emil Herfurth, gehörte der Regierung an, und der Vertreter der nationalliberalen DVP, Richard Leutheußer, wurde als neuer Volksbildungsminister zuständig für die Schule, deren Schicksal damit besiegelt war. Leutheußer erklärte Gropius umgehend, das Bauhaus sei bisher als Parteiangelegenheit behandelt worden, und machte damit deutlich, dass er die Schule als reines Produkt der linken Parteien betrachte und dementsprechend bekämpfen werde. Der deutschnationale Architekt Konrad Nonn führte von nun an gegen Gropius geradezu einen Vernichtungsfeldzug, bei dem er zum einen mit der finanziellen Unrentabilität der Schule argumentierte, und zum anderen mit parteipolitischer Hetze gegen die «Kathedrale des Sozialismus», gegen Kommunismus und Bolschewismus am Bauhaus agitierte. Handwerkerverbände und die verschmähten akademischen Künstler schlossen sich der Kampagne an, und die thüringische Verwaltung begann, das Bauhaus systematisch abzuwürgen.

Gropius versuchte, den Intrigen und Diffamierungen durch eine Verleumdungsklage sowie durch eine eigene Pressekampagne und einen neu gegründeten Freundeskreis des Bauhauses mit renommierten Namen zu begegnen, aber trotz eines enormen Aufwands waren seine Bemühungen von vorneherein zum Scheitern verurteilt, da es nur um parteipolitische Machenschaften ging. Nach einer Prüfung der Kassen- und Buchführung im

Sommer 1924 kam die Thüringische Rechnungskammer zu dem Ergebnis, das Bauhaus sei unrentabel. Dies nahm die Regierung zum Anlass, im September 1924 die Verträge der Bauhausmeister «vorsorglich» zum 1. April 1925 zu kündigen. Im November beschloss der Landtag auf Antrag der DNVP, den Etat von bisher 100 000 RM auf 50 000 RM zu halbieren und den Meistern eine Verlängerung ihrer Verträge um ein halbes Jahr anzubieten. In der Debatte warf der ehemalige Minister Greil der neuen Regierung vor, das Bauhaus werde «zu Tode gedrosselt». Darauf erklärten die Meister mit Schreiben vom 26. Dezember 1924 selbst die Auflösung des Bauhauses zum 1. April 1925.

Zwischenzeitlich waren Verhandlungen mit anderen Städten – Darmstadt, Dessau, Frankfurt am Main, Hagen, Hamburg, Krefeld und Mannheim – zur Übernahme des Bauhauses geführt worden. Die Stadt Dessau unter Bürgermeister Fritz Hesse machte das attraktivste Angebot, da sie nicht nur eine neue Schule und Wohnhäuser für die Meister errichten, sondern auch Gropius mit dem Bau einer Experimentiersiedlung beauftragen wollte. Der Umzug sollte sich als Glücksfall herausstellen, denn in Dessau konnte sich das, was in Weimar nur in Ansätzen entwickelt worden war, voll entfalten, nun erst wurde das Bauhaus zu der Experimentierstätte, die als wirkmächtigste Schule des 20. Jahrhunderts in die Geschichte einging.

Das Bauhaus in Dessau – Labor der Moderne

Bei den Verhandlungen mit der Stadt Dessau wirkten sich mehrere Faktoren positiv für die Übernahme des Bauhauses aus. 1925 zählte die Stadt circa 70 000 Einwohner und erlebte seit Jahren durch die ortsansässige Industrie, insbesondere die Junkers-Flugzeugwerke, einen enormen wirtschaftlichen Aufschwung und starken Bevölkerungszuwachs. Zur Behebung der Wohnungsnot schienen die von Gropius propagierten seriellen Bauweisen besonders geeignet, er erhielt deshalb im Zusammenhang mit seiner Berufung auch gleich den Auftrag zum Bau einer experimentellen Siedlung in Dessau-Törten. Eine Aufbesserung des Images der kleinen Industriestadt durch eine moderne, propagandistisch gut vernetzte Reformschule, die sich zum Ziel gesetzt hatte, für eine neue Lebenswelt Muster und Typen zu entwickeln, die anschließend in Zusammenarbeit mit der Industrie in Serie gehen sollten, war nicht nur für die Stadtpolitik, sondern auch für Hugo Junkers, den wichtigsten Industriellen der Stadt, attraktiv, der sich deshalb auch für die Übernahme einsetzte und das Bauhaus dann unterstützte. Ein entscheidendes Kriterium bei den Verhandlungen war die Zusicherung von Gropius, dass sich das Bauhaus durch den Verkauf von Produkten und Lizenzen mittelfristig weitgehend selbst finanzieren und damit den städtischen Haushalt wieder entlasten würde. Diese Versprechung sollte sich allerdings als falsch herausstellen, die Zuschüsse der Stadt konnten erst unter Gropius' Nachfolger Hannes Meyer 1929 kurzfristig etwas reduziert werden.

Um diese Zusicherung rechtlich begründen zu können, mussten überhaupt erst die Rechts- und Besitzverhältnisse der Bauhausprodukte geklärt werden. In der Bauhaussatzung von 1921 hieß es nur, dass alles, was am Bauhaus produziert wird, auch dem Bauhaus gehöre. Dagegen hatten sich Lehrer und Schüler, die ihre Urheberrechte geltend machten und Anteile an den Lizenzgebühren forderten, immer wieder gewandt. Einen Musterschutz erhielt allerdings während der ganzen Weimarer Zeit nur ein einziges Produkt – das Kinderspielzeug von Alma Buscher. Erst 1924 kam es, im Zuge der Bemühungen, eine GmbH zur Verwertung der Produkte zu gründen, zur juristischen Klärung, dass zwar die am Bauhaus im Rahmen der Ausbildung hergestellten Objekte Eigentum der Schule seien, doch wurden den Gestaltern, also auch den Schülern, nun Urheberrechte und Ansprüche auf prozentuale Beteiligung am Gewinn eingeräumt. Mit der Auflösung des Weimarer Bauhauses schaltete sich das Land Thüringen ein und beanspruchte Rechte an den Produkten, die an einer von ihr finanzierten Schule hergestellt worden seien, und deshalb sollte auch der Name Bauhaus an die Nachfolgeinstitution, für deren Leitung bereits Otto Bartning gewonnen werden konnte, übergehen. Die neue thüringische Staatsregierung hatte zwar das Bauhaus abgewürgt, wollte aber nun dessen Produkte verwerten und daran verdienen. In langwierigen Verhandlungen wurde erreicht, dass die Schule, die auch nach dem Umzug nach Dessau zunächst noch offiziell in Weimar unter dem Namen Bauhaus weiterbestand, ab 1. April 1926 in «Staatliche Hochschule für Handwerk und Baukunst. Weimar» umbenannt und somit nur die Dessauer Einrichtung den auch mit den Produkten verbundenen Namen führen und das Signet als Markenzeichen und Stempel verwenden durfte. Weiterhin wurde in einer Einigung am 3. Dezember 1925 festgelegt, dass die Rechte an nahezu allen Produkten – diese hatte sich Gropius noch von den Schülern im März 1925 schriftlich übertragen lassen – beim Bauhaus verblieben. Die Vermarktung sollte dann in Dessau über eine inzwischen gegründete Bauhaus GmbH erfolgen.

Der Gemeinderat von Dessau genehmigte am 23. März 1925 mit den Stimmen der SPD, unterstützt vom SPD-Landtagspräsidenten Heinrich Peus, und der Deutschen Demokratischen Partei (DDP), zu der Bürgermeister (seit 1927 Oberbürgermeister) Fritz Hesse gehörte, die Übernahme des Bauhauses sowie die Errichtung eines neuen Schulgebäudes (Abb. 19) und von Wohnhäusern für die Meister. Die konservativen und nationalistischen Politiker stimmten dagegen und bekämpften zusammen mit Handwerkervereinigungen und Bürgergruppen von Anfang an die Reformschule. Als eine unselbstständige kommunale Einrichtung unterstand das Bauhaus nun der Stadt, auch als die Anhaltische Staatsregierung im Oktober 1926 die Umbenennung in «Bauhaus Dessau – Hochschule für Gestaltung» genehmigte. Mit dem Hochschulrang erhielten die Meister den Professorentitel, der Meisterrat wurde zur Konferenz, die Lehrlinge und Gesellen hießen nur noch Studierende und das Bauhaus durfte als Abschluss ein Diplom verleihen, obwohl auch weiter Lehrbriefe mit Handwerkskammern abgeschlossen wurden. Damit wurde die Schule selbst «akademisch», also zu dem, was bislang so entschieden bekämpft worden war. Mit den Namen und Begriffen wurde auch die gravierende Änderung von Ziel und Konzept, die sich mit dem Umzug vollzog, deutlich. Das Bauhaus warf gleichsam «Ballast» ab, der aus den expressiven Anfangsjahren noch mitgetragen worden war, und strukturierte sich völlig neu. Im Lehrplan vom November 1925 wird – in der seit diesem Jahr üblichen Kleinschreibung – als Zweck der Ausbildung definiert: «1. durchbildung bildnerisch begabter menschen in handwerklicher, technischer und formaler beziehung mit dem ziel gemeinsamer arbeit am bau. 2. praktische versuchsarbeit für hausbau und hauseinrichtung. 3. entwicklung von standardmodellen für industrie und handwerk.» Im Gegensatz zum Manifest von 1919 spielt das Handwerk nur noch eine Nebenrolle, und die damals pathetisch beschworene Gestaltung einer Kathedrale der Zukunft gemeinsam durch Handwerker und Künstler ist auf Ausstattung und Bau von Häusern geschrumpft. Das Einheitskunstwerk, das 1923 immer noch als «Einheit von Kunst und Technik» präsent war, ist verschwunden, und dementsprechend sind auch die Künstler im Lehrplan nur noch Nebenfiguren. Im Zentrum steht die Entwicklung von Typen, die verkauft und vermarktet werden sollen. Die Werkstätten werden deshalb von Gropius als «Laboratorien» definiert, «in denen vervielfältigungsreife, für die heutige Zeit typische Geräte sorgfältig im Modell entwickelt und dauernd verbessert werden».

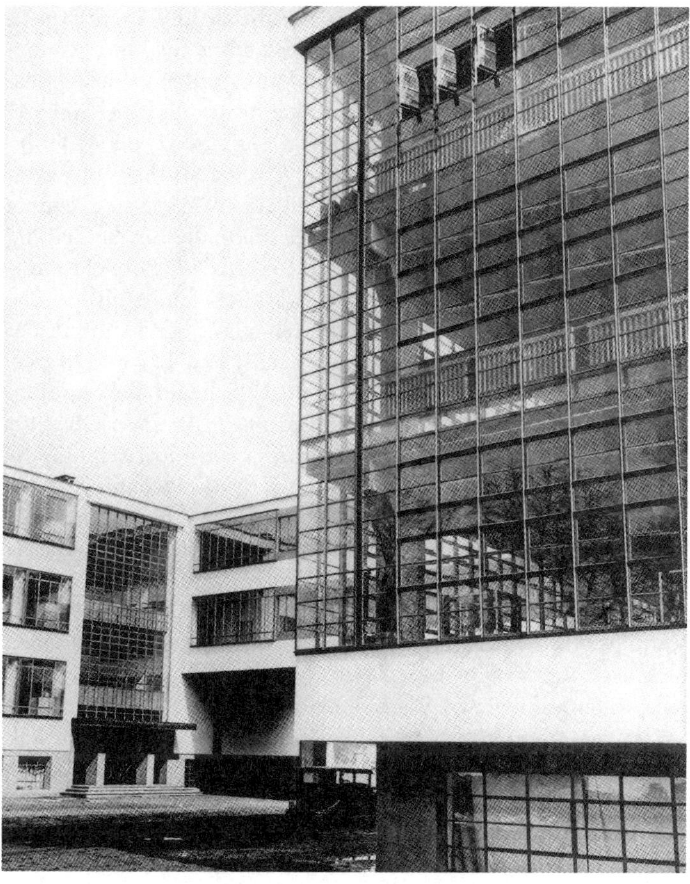

19 – Walter Gropius, Bauhausgebäude Dessau
Blick durch die gläserne Ecke des Werkstattflügels, 1926

Sämtliche Werkmeister sowie die stark handwerksbezogenen Werkstätten für Keramik und Glasmalerei verblieben zusammen mit dem Meister Gerhard Marcks, der den neuen Kurs als «Amerikanisierung» völlig ablehnte, in Weimar. Die übrigen Werkstätten wurden mit dem Umzug im Hinblick auf effiziente

Produktentwicklung neu geordnet. Anstelle der ursprünglich einmal elf Werkstätten gab es nur noch sechs für «holz», «metall», «farbe», «gewebe», «buch- und kunstdruck» sowie «plastische gestaltung». Nur die Metallwerkstatt und die Weberei wurden weiterhin mit Form- und Werkmeister von Moholy-Nagy und Rudolf Schwarz beziehungsweise Muche und Gunta Stölzl gemeinsam geleitet. In den anderen Werkstätten konnte diese Zweiteilung aufgegeben werden, denn die für die Leitung neu berufenen «Jungmeister» – so die inoffizielle Bezeichnung – hatten selbst am Bauhaus eine handwerkliche und künstlerische Ausbildung erhalten und verkörperten somit bereits die in der Ausbildung angestrebte Einheit von Kunst und Technik. Marcel Breuer übernahm die Tischlerei, Hinnerk Scheper die Wandmalerei, Herbert Bayer die Druckerei, die 1927 in «Werkstatt für Druck und Reklame» umbenannt wurde, und Joost Schmidt die plastische Werkstatt. Die Bühnenwerkstatt konnte Oskar Schlemmer ab dem Wintersemester 1925/26 fortsetzen. Den zweisemestrigen obligatorischen Vorkurs unterrichteten wieder konsekutiv Albers und Moholy-Nagy, begleitet von der «Bildnerischen Formlehre» Klees und dem «analytischen Zeichnen» Kandinskys. Beide Künstler, die sich weitgehend vom neuen technisch-funktionalen Kurs des Bauhauses verabschiedet hatten, boten auf eigenen Wunsch ab 1927 zusätzlich ein rein fakultatives «Seminar für freie plastische und malerische Gestaltung» in der Art von «freien Malklassen» wie an einer Akademie an. Letztlich führten sie immer mehr ein auf ihre Arbeit und ihre Ausstellungen bezogenes Eigenleben. Feininger gab die Leitung der Druckerei ab und unterrichtete überhaupt nicht mehr am Bauhaus, dem er aber bis 1932 als «Meister ohne Lehrverpflichtung» verbunden blieb. Diese Marginalisierung der Künstler bei der Ausbildung entsprach der besonders von Moholy vertretenen Auffassung, die individuelle künstlerische Handschrift zu tilgen – «Apparat» statt «Pinsel» – und die Formgebung nach den Vorgaben des Materials und der Maschine sowie im Hinblick auf Zweck und Funktion mit wissenschaftlicher Präzision zu erarbeiten. Trotzdem drängte Gropius darauf, dass die berühmten Maler mit nach Dessau umzogen, denn er war sich bewusst, dass diese viel zum Renommee der Schule beitrugen und dass die von den Künstlern ausgehenden Funken der Inspiration und Intuition als Gegengewicht zur Ausrichtung auf Funktionalität und Verwertung besondere Bedeutung erhielten. Die Maler blieben sogar gegenüber den schlechter bezahlten «Jungmeistern» privilegiert, und nur sie erhielten eine luxuriöse Wohnung in den neuen Dessauer Meisterhäusern.

Im Laufe des März und April 1925 erfolgte der Umzug mit 20 weiblichen und 42 männlichen Studierenden, der Unterricht begann am 13. Mai in einem alten Kaufhaus mit dort provisorisch untergebrachten Werkstätten sowie in Räumen der städtischen Kunstgewerbe- und Handwerkerschule, die Meister erhielten Ateliers in der städtischen Kunsthalle. Die Stadt Dessau kaufte für die Werkstätten neue Maschinen, von denen einige auch die Firma Junkers direkt finanzierte, sodass die Produktion von Typen und Produkten nun auf ein neues, professionelleres Niveau gehoben werden konnte. Im November 1925 erschien ein von Herbert Bayer in der neuen Bauhaustypographie gestalteter «Katalog der Muster», in dem zum einen sämtliche inzwischen entwickelten und käuflichen Produkte, zum anderen aber auch Prototypen für eine industrielle Produktion vorgestellt wurden. Das Bauhaus präsentierte sich damit als unternehmerisch organisiertes Laboratorium für Produktdesign. Der Vertrieb sollte eigentlich über die im November gegründete Bauhaus GmbH erfolgen, aber Adolf Sommerfeld, der als Hauptgesellschafter vorgesehen war, weigerte sich plötzlich, seine Geschäftsanteile einzuzahlen, sodass die Gesellschaft letztlich nur nominell existierte. Gropius reagierte verbittert, da er sein ganzes Lebenswerk gefährdet sah, aber die Angelegenheit konnte geheim gehalten werden, und die Schule übernahm es, Gebrauchs- und Musterschutz sowie Werbung und Vertrieb durchzuführen.

Obwohl sich das Bauhaus von allen Bauhausangehörigen, Schülern wie Lehrern, eine urheberrechtliche Anbietungspflicht vertraglich zusichern ließ, um neu entwickelte Muster übernehmen zu können, umging ausgerechnet der Bauhaus-Musterschüler und neue Jungmeister Marcel Breuer diese Regelung, indem er eine eigene Firma gründete, über die er das Patent für den von ihm in den Junkers-Werken unter Mithilfe des dortigen Schlossermeisters Karl Körner im Laufe des Jahres 1925 entwickelten Stahlrohrsessel anmeldete (Abb. 20). Der Sessel, später nach Kandinsky «Wassily» benannt, war die bedeutendste und erfolgreichste Umsetzung der «Bauhaus-Idee», mit neuen Materialien eine aus Funktion und Materialeigenschaft entwickelte für serielle Produktion geeignete Form zu finden. Die Reduktion eines voluminösen Sessels auf das tragende Gerüst entspricht dem von Gropius geforderten und gefeierten «nackten Bauleib» einer Skelettkonstruktion. Aus einem bislang schweren massiven Möbelstück wurde eine leichte, durch Geometrie elementarisierte und ästhetisierte Sitzgelegenheit, die durch das Stahlrohr und die Streifen aus Eisengarn eine technoide Anmutung erhält. Die transparent wirkende, leicht bewegliche stählerne «Sitzmaschine» erscheint wie das Sinnbild für die Gestaltung des kühlen, schnörkellosen Lebensraums eines modernen mobilen Menschen. Zusammen mit der Bauhaus-Leuchte, die allerdings noch rein formalistisch aus geometrischen Grundformen entwickelt worden war, ist der Wassily-Sessel das geradezu ikonisch mit dem Bauhaus verknüpfte Objekt. Sehr zum Ärger von Gropius vertrat jedoch Marcel Breuer ausdrücklich die Auffassung, es handle sich – genauso wie bei einem von Klee während der Zeit am Bauhaus geschaffenen Aquarell – um kein «Bauhaus-Produkt», sondern der Sessel sei allein seine Erfindung. Als die Stahlrohrmöbel 1927 zusammen mit anderen Bauhaus-Produkten vermarktet werden sollten, verwehrte dies Breuer und drohte sogar mit seiner Kündigung. Da sich die nach Typen vielfach variierten Stahlrohrmöbel dann seit 1928 sehr gut über die Firma Thonet verkauften, wäre damit Gropius' Ziel einer finanziellen Unabhängigkeit der Schule eventuell zu erreichen gewesen, so aber trugen die Werkstätten, die Gropius wiederholt zu Disziplin und Produktivität aufforderte, nur wenig zum Etat der Schule bei.

Obwohl Breuer die Lizenzen für Stahlrohrmöbel für sich behielt, lieferte die Metallwerkstatt, die sich auf die Entwicklung neuer Leuchtentypen konzentrierte, die meisten Muster an die Industrie zur Produktion. Von besonderer Bedeutung war dabei, dass die Bauhausstudenten auch in den Junkers-Werken mit

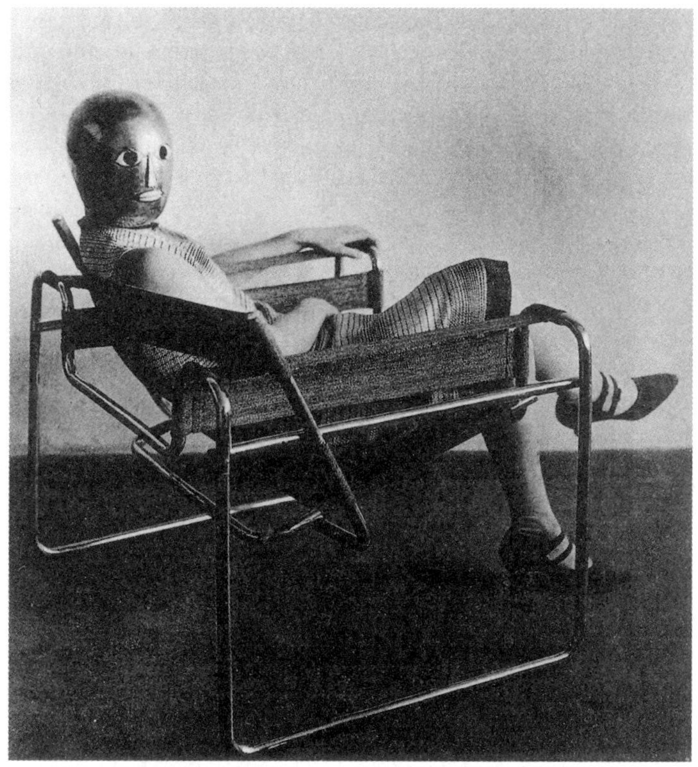

20 – Frau mit Schlemmer-Maske in einem der ersten Stahlrohrsessel von Marcel Breuer, um 1926

fachlicher Unterstützung an Maschinen arbeiten und mit dem für Flugzeugbau eingesetzten Werkstoff Aluminium experimentieren durften. Für die Verbreitung des Bauhaus-Images als Labor moderner Produkte war besonders die von Herbert Bayer geleitete «Werkstatt für Druck und Reklame» bedeutsam. Ein konsequent verfolgtes Erscheinungsbild im Sinne einer Corporate Identity sowie die Untersuchung der Wirkung von Werbung waren Grundlagen des Unterrichts. Bayer ließ die Studenten mit serifenloser Grotesk-Schrift auf der Basis der von Moholy konzipierten und von Jan Tschichold 1925 zu einer «elementaren Typographie» systematisierten Gestaltung experimentieren und die Entwürfe selbst an den neuen Druckmaschinen umsetzen. Damit wurde die Werkstatt zu einer Keimzelle für den neuen Beruf des Graphik-Designers. In Entsprechung zum Anspruch internationaler Gültigkeit der aus Funktion und Materialeigenschaft entwickelten Produkte erfand Bayer 1926 eine – allerdings nie gegossene – «Universalschrift» (Abb. 21), die nur aus Kreisbögen und orthogonalen Elementen aufgebaut war und jeden individuellen Ausdruck wie auch historische oder nationale Bezüge ausschloss. Die Bauhaus-Werkstatt war somit Teil der «neuen Typographie», die Jan Tschichold 1928 geradezu als Sieg des «übernationalen» Gedankens über den in den verschiedenen Frakturschriften verfestigten «partikularistischen» Nationalismus feierte. Neben den auf einheitlichen Gestaltungsprinzipien basierenden Werbeschriften, Plakaten, Prospekten und Drucksachen war auch die von Gropius und Moholy-Nagy herausgegebene Schriftenreihe der «Bauhausbücher» von großer Bedeutung für die Wahrnehmung wie auch Verbreitung der Arbeit am Bauhaus. 1925 erschienen die ersten acht Bände der Reihe, die bis 1930 insgesamt 14 Bücher umfasste und mit Publikationen von Kasimir Malewitsch und J. J. P. Oud sowie Bänden über Film und Fotografie auch den Ort des Bauhauses mitten in der avancierten zeitgenössischen Kunst signalisieren sollte.

Mit dem Umzug nach Dessau eröffnete sich für die Studierenden in der Werkstatt für Weberei, die in Weimar von der lokalen Innung keinen Gesellenbrief erwerben konnten, erstmals die Möglichkeit, über die Innung in Glauchau einen anerkannten Berufsabschluss zu erhalten und damit auch ihre Berufschancen erheblich zu verbessern. Die Weberei nahm während der gesamten Zeit des Bestehens des Bauhauses insofern eine Sonderstellung ein, als dort die überwiegende Mehrzahl der weiblichen Studierenden, die im Durchschnitt etwa ein Drittel der Gesamtzahl betrug, tätig war. Diese Massierung war nicht zufällig, sondern wurde von den Bauhausmeistern gezielt gesteuert. Bereits 1921 beschloss der komplett männliche Meisterrat auf Vorschlag von Gropius, die «Geschlechterfrage» dahingehend zu

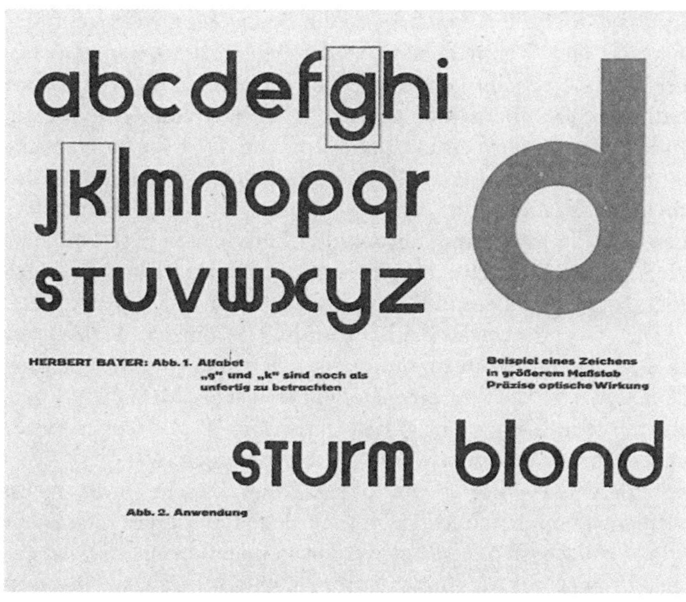

21 – Herbert Bayer, Entwurf für eine Universalschrift, 1926

lösen, dass die Studienanträge von Frauen so behandelt werden sollten, dass sie den Werkstätten für Weberei, Buchbinderei, Glasmalerei und Töpferei zugeordnet würden, denn «nach unseren Erfahrungen werden sich Frauen in den seltensten Fällen für die schweren Handwerke wie Steinbildhauerei, Schmiede, Tischlerei, Wandmalerei, Holzbildhauerei, Kunstdruckerei eignen».

Formmeister für die Weberei war bis 1927 Georg Muche, der seine Lehre jedoch nie systematisierte und sich wenig um die Arbeitsprozesse kümmerte. Mit dem Umzug nach Dessau erhielt die Werkstatt neue Webstühle und Gunta Stölzl, die noch bei Itten am Bauhaus gelernt hatte, übernahm die gesamte inhaltliche und organisatorische Arbeit. Sie entwickelte einen dreijährigen Ausbildungsplan, mit dem das Entwerfen systematisiert und die Herstellung von Industriemustern arbeitsteilig auf den seriellen Produktionsprozess abgestimmt wurde; damit legte sie auch die Grundlagen zum neuen Berufsfeld Textildesign. Da die «Webmädchen», so der Bauhausjargon, massiv gegen Muche rebellierten, verließ dieser die Schule 1927, und Gunta Stölzl übernahm, gegen das Votum von Gropius, als Jungmeisterin die Leitung der Werkstatt. Den Formunterricht erteilte von nun an Paul Klee, der zum einen wichtige Impulse für die Farbanordnung, die Schichtung von Komplementärfarben und die Musterung der textilen Entwürfe lieferte und zum anderen selbst durch das Spiel abstrakter linearer und flächiger Elemente in Schuss und Kette zu Bildmotiven angeregt wurde.

Die «Grundsätze der Bauhausproduktion» in den Werkstätten fasste Gropius 1925 programmatisch in einem Bauhausbuch zusammen, mit dem er eine Designtheorie zu formulieren versuchte: Jedes Ding sei bestimmt durch sein Wesen. Um es zu gestalten, müsse also sein Wesen erforscht werden. Wie diese «Wesensforschung» konkret erfolgen sollte, beschrieb er nicht, sondern gab nur die Mittel an, mit denen dann das Ziel, einen «Typ» zu schaffen, erreicht werden könne. So solle die «lebendige Umwelt der Maschinen und Fahrzeuge» bejaht werden und die Gestaltung der Dinge aus ihrem «eigenen gegenwartsgebundenen Gesetz» heraus ohne «Beschönigungen und Verspieltheiten» erfolgen. Man solle sich «auf typische, jedem verständliche Grundformen und -farben» beschränken und dabei «Raum, Stoff, Zeit und Geld» möglichst knapp ausnutzen. Diese Vorgaben verweisen darauf, dass die «Wesensforschung» auf formalen Elementen und ökonomischen Sachzwängen basierte. Der künstlerische Elementarismus von De Stijl – Grundformen und -farben – wird mit dem Taylorismus betriebswirtschaftlicher Produktion verknüpft, um ein ebenso «schönes» wie nützliches Produkt zu gestalten. Die angestrebte Entwicklung von Typen für eine maschinelle Massenproduktion wurde mit dem Argument begründet, die «Lebensbedürfnisse der Mehrzahl der Menschen sind in der Hauptsache gleichartig» und deshalb seien Typen auch «eine soziale Notwendigkeit». Es wurde somit nicht von den unterschiedlichen sozialen Bedingungen und Möglichkeiten ausgegangen, sondern soziale Gleichheit durch gleiche Produkte angestrebt, ein Ansatz, den Gropius' Nachfolger Hannes Meyer radikal kritisieren und ändern sollte. Wie in der gesamten Bauhausarbeit spielen auch bei der «Wesensforschung» Bezüge zu Historie oder Tradition keine Rolle. Schon im Vorkurs erklärte Albers, historisches Wissen sei unnötig und hemme die Produktion, bei der Werkstattarbeit sollte «eine lebendige Beziehung zur Überlieferung» durch «dauernde Berührung mit der fortschreitenden Technik» entstehen. Da der Mensch und seine Bedürfnisse ausschließlich auf die aktuelle «moderne» Gegenwart bezogen wurden, war auch das «Wesen» der Dinge, die gestaltet werden sollten, geradezu gesetzmäßig «gegenwartsbezogen»; aber paradoxerweise sollte es durch universal gültige, «zeitlose» Grundformen und Grundfarben erfasst und ausgedrückt werden. Diese Kombination führte zu dem, was dann als «Bauhausstil» bekannt, aber auch vielfach kritisiert wurde.

Die Produkte nach Modellen des Bauhauses sollten durch serielle Herstellung zwar preisgünstig, aber nicht minderwertig, sondern «Qualitätsarbeit» sein. Damit knüpfte Gropius wieder direkt an die Ziele und Maximen des Deutschen Werkbunds an, der 1907 angetreten war, um durch «Veredelung» der maschinellen Produktion «Qualitätsarbeit» zu schaffen. Diese Veredelung wurde als «Durchgeistigung» der Industrieprodukte durch material-, funktions- und maschinengerechte Gestaltung verstanden, und genau in diesem Sinne glaubte Gropius, der 1911 für den Werkbund an einer Mustersammlung mitgewirkt hatte, dass der «geistige Wert» in der «schönen» Gestaltung eines Gegenstands bestehe, die dadurch erreicht werde, dass Massen, Materialien und Farben nach «Maßverhältnissen» in eine Ordnung gebracht werden. Die Bauhausproduktion basiert somit auf einer Verknüpfung der Prinzipien des Deutschen Werkbunds mit dem künstlerischen Elementarismus von De Stijl und der Ästhetisierung von Konstruktion und Materialien nach dem Vorbild des russischen Konstruktivismus. Auch der Versuch, durch formale Vereinheitlichung aller Produkte und des Erscheinungsbilds eine Wiedererkennbarkeit, eine Corporate Identity zu schaffen, ist im Deutschen Werkbund vorgebildet. Etwas überspitzt könnte das Gropius-Bauhaus in Dessau deshalb als Reformschule auf der Basis von Werkbundideen bezeichnet werden.

Seit dem Umzug nach Dessau waren mehrere Werkstätten damit beschäftigt, die Innenausstattung für das neue Bauhausgebäude von den Leuchten und Möbeln bis zur Farbgestaltung zu entwerfen beziehungsweise zu produzieren. Der vom Dessauer Gemeinderat bewilligte Neubau bot für Gropius die Möglichkeit, exemplarisch die Idee des Bauhauses in Architektur umzusetzen und damit den im Manifest von 1919 formulierten Anspruch eines zukunftsweisenden Einheitskunstwerks einzulösen. Da der Gemeinderat bereits den Neubau für die gewerbliche Berufsschule genehmigt hatte, musste diese integriert werden. Gropius fasste die verschiedenen Funktionen in einzelnen Bautrakten zusammen, die er über einem windmühlenförmigen Grundriss, den er von Mies van der Rohes Entwurf eines «Landhaus in Eisenbeton» von 1923 übernahm, zu einem asymmetrisch balancierten Ganzen zusammenfügte. Im Bauhausbuch über die Dessauer Bauten erläuterte er sein Konzept: «ein aus dem heutigen geist entstandener bau wendet sich von der repräsentativen erscheinungsform der symmetriefassade ab. man muss rund um diesen bau herumgehen, um seine körperlichkeit und die funktion seiner glieder zu erfassen.» Diese Einbeziehung der Bewegung wurde später von Sigfried Giedion, Gropius' Freund und bedingungsloser Propagandist der Moderne, als Gestaltung einer «Raum-Zeit-Architektur» überinterpretiert, um das Bauhaus etwas zwanghaft mit Einsteins Relativitätstheorie zu parallelisieren. Die städtische Berufsschule bildet einen eigenen Trakt im Norden und ist über eine Brücke mit dem Bauhaus verbunden, das sich aus dem aufgeglasten Werkstättentrakt, dem fünfgeschossigen Atelierhaus mit 28 Wohn- und Arbeitsräumen für Studenten sowie einem verbindenden Mitteltrakt mit Foyer, Aula, Bühne und Kantine zusammensetzt. Um die Bedeutung der Werkstätten hervorzuheben, inszenierte Gropius den Werkstättentrakt als Herzstück des Bauhauses, indem er die West-, Ost- und Nordfassade mit einer Stahl-Glas-Konstruktion über alle drei Geschosse von der Stahlbetonkonstruktion ablöste, sodass der Eindruck eines gläsernen Kubus entstand, der bei Nacht wie ein Kristall über einem dunkel abgesetzten Sockelgeschoss leuchtete. Die Transparenz des Gebäudes kam besonders bei einem Blick diagonal zur

Ecke des Werkstättentrakts zur Wirkung. Diese Sicht legte Gropius selbst genau für die offiziellen Fotos fest und kanonisierte damit erfolgreich die mediale Rezeption des Bauhausgebäudes als Markenzeichen für das Labor der Moderne. Die symbolische Bildwirkung war allerdings dadurch erkauft, dass sich zum einen die Werkstätten im Sommer stark aufheizten und im Winter die Studenten dort froren, die Funktionalität also versagte, und dass zum anderen die «nackte» Fassade letztlich die Funktion eines werbewirksamen schmückenden Ornaments übernahm, also genau das, was überwunden werden sollte.

Das Bauhausgebäude wurde im Juni 1925 begonnen und unter enormem Zeitdruck fertiggestellt, bereits im Herbst 1926 konnte es von den Werkstätten bezogen und dann am 4. und 5. Dezember mit einer großen Festveranstaltung und über 1000 Gästen eröffnet werden. Die Presseresonanz, national wie international, war weitgehend positiv. Auf der Bühne, die zwischen Auditorium und Kantine lag und nach beiden Seiten geöffnet werden konnte, wurden die von Oskar Schlemmer choreografierten und mit Studenten eingeübten «Bauhaustänze» aufgeführt. In gewisser Entsprechung zur Typisierung und zur Gestaltung nach elementaren Formen in den Werkstätten suchte Schlemmer nach Grundtypen der menschlichen Bewegung im Raum. Ähnlich wie sich in der Commedia dell'Arte Charaktertypen herausgebildet hatten, wollte er moderne Typenfiguren entwickeln, mit denen er durch Reduktion auf geometrisch fixierte Formen und Bewegungen das Verhältnis des Menschen zum Raum und seine Stellung im Raum aufzeigen wollte. Beim Formen-, Gesten-, Reifen-, Raum- oder Stäbetanz verschwindet die Individualität der Tänzer hinter Masken und «raumplastischen» Kostümen – sie werden im Kleist'schen Sinne zu Marionetten –, damit die «Mathematik des menschlichen Körpers» in Korrespondenz zum Raum treten kann, der als ein «unsichtbares Liniennetz der planimetrischen und stereometrischen Beziehungen» verstanden wurde. Die abgezirkelten Bewegungen der Typenfiguren sollen den Menschen als Mechanismus aus Fleisch und Blut, aber auch aus Maß und Zahl zum Ausdruck bringen (Abb. 22). Dies war auch die Essenz von Schlemmers dann

1928/29 unterrichtetem Lehrgang «Der Mensch», mit dem er den Studierenden geradezu ein Weltbild für die Stellung des Menschen in einer modernen typisierten Welt liefern wollte.

Am 5. Dezember wurde den Gästen der Film «Wie wohnen wir gesund und wirtschaftlich?» gezeigt, in dem das von historischem Ballast «befreite Wohnen» auch am Beispiel des neuen Direktorhauses von Gropius vorgeführt wurde. Die drei Meisterhäuser mit je zwei Wohnungen sowie die Villa des Direktors waren bereits im Juli des Jahres fertiggestellt und von Moholy / Feininger, Muche / Schlemmer, Kandinsky / Klee und Gropius mit deren Familien bezogen worden. Bei der ersten Besichtigung schrieb Schlemmer an seine Frau: «Ich bin erschrocken, wie ich die Häuser gesehen habe. Hatte die Vorstellung. Hier stehen eines Tages die Wohnungslosen, während sich die Herren Künstler auf dem Dach der Villa sonnen.» Die luxuriöse Anlage in einem nahe zum Bauhaus gelegenen Kiefernwäldchen erhielt ihre Ausstattung ebenfalls weitgehend über die Bauhauswerkstätten und sollte Wohnen als «Organisation von Lebensvorgängen» in funktional geordneten, kühlen und weitgehend kahlen Räumen demonstrieren – Räumen, in denen die Bewohner keine individuellen Spuren mehr hinterließen, wie Walter Benjamin treffend bemerkte. Mehrere Meister gaben ihren Wohnräumen deshalb wenigstens eine ihnen entsprechende Farbigkeit. Die rational organisierte und von Maschinen unterstützte Wohnform wurde von Gropius auch als Befreiung des Menschen – insbesondere der Hausfrau – von der Last der Alltagsarbeit propagiert. Dass sich diese «Befreiung» nur wenige leisten konnten, denn die Bauhausprodukte waren fast durchweg teure Luxusobjekte, tat Gropius mit Verweis auf eine spätere Verbilligung bei höheren Produktionszahlen ab. Ernst Bloch, Siegfried Kracauer oder Bert Brecht verwiesen kritisch darauf, dass mit Design, technischen Neuerungen und funktionaler Organisation keine soziale Emanzipation verbunden sei. Genau mit dieser sozialen Problematik sollte sich dann der Schweizer Architekt Hannes Meyer, den Gropius bei den Eröffnungsfeierlichkeiten kennenlernte und zum 1. April 1927 als Leiter der neu eingerichteten Architekturausbildung berief, auseinandersetzen.

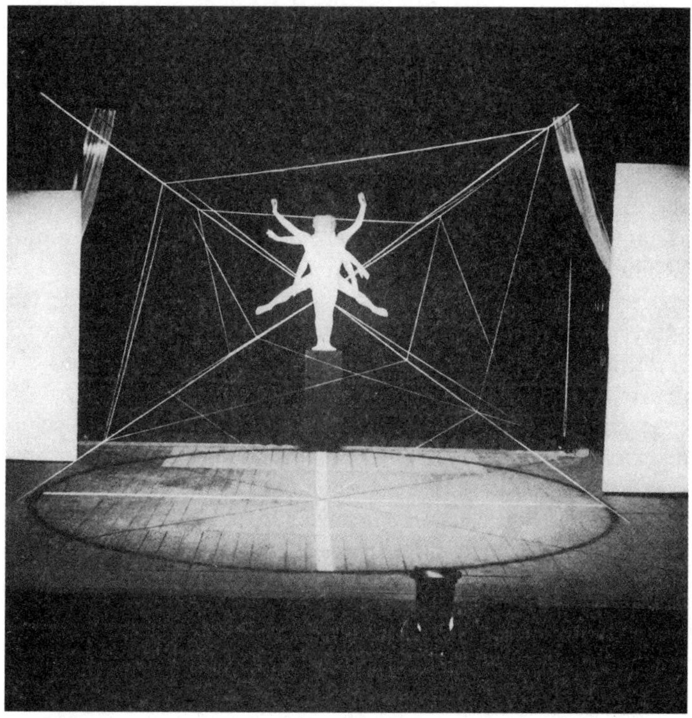

22 – Oskar Schlemmer, Raumtanz (Raumlineatur mit Figur), 1927

Schon bei den Verhandlungen mit dem Magistrat war diskutiert worden, dass das Bauhaus nun endlich seiner Zielsetzung gerecht und auch eine Ausbildungsstätte für Architekten werden müsse. Abgesehen von einigen Kursen und Vorträgen sowie den Bemühungen zur Einrichtung eines Versuchsplatzes fand Architektur seit 1919 nur im Privatbüro von Gropius statt, und auch die Bauhauswerkstätten waren häufig nur Zulieferer für die Privatbauten des Direktors. Beim Umzug ins neue Gebäude erhielt das Büro sogar ein ganzes Geschoss im Brückenbauwerk, in dem teilweise 20 Mitarbeiter beschäftigt waren. Für die neue Architekturabteilung wurde der Lehrplan 1927 nochmals stark verändert. Der Semesterplan war allerdings nicht auf ein Zentrum «Bau» ausgerichtet, sondern die Ausbildung gliederte sich in vier parallele Bereiche – Architektur, Reklame, Bühne, Seminar für freie plastische und malerische Gestaltung. Offiziell wurden die Werkstätten für Tischlerei, Metallverarbeitung, Wandmalerei und Weberei der Ausbildungsrichtung Architektur als Unterabteilung «Inneneinrichtung» zugeschlagen. Reklame und Bühne waren nun eigene Ausbildungsrichtungen und Klee und Kandinsky erhielten ein eigenes «Seminar», das dann als «freie Malklasse» einmal wöchentlich fortgesetzt wurde. Da Meyers Architekturabteilung anfangs kaum Studenten hatte, änderte sich in der Praxis bis zu seiner Amtsübernahme als neuer Direktor am 1. April 1928 allerdings fast nichts.

Seine Leitlinien des Unterrichts gab Meyer schon zum Beginn des Sommersemesters 1927 als «funktionell-kollektivistisch-konstruktiv» bekannt. Da er keinen Bauauftrag hatte, musste er sich in den ersten beiden Semestern auf theoretische Arbeit mit den wenigen Studenten konzentrieren, Architektur fand weiterhin im Privatbüro von Gropius statt. Zur großen Überraschung aller verkündete Gropius am 3. Februar 1928 seinen Rücktritt zum Ende März und schlug Hannes Meyer als seinen Nachfolger vor. Er erklärte zwar, das Bauhaus sei nun etabliert und gefestigt und er könne sich neuen Aufgaben zuwenden, aber die wahren Gründe lagen wohl darin, dass er sich in endlosen organisatorischen und personellen Kämpfen und in der Abwehr der ständigen Angriffe gegen seine Person sowie mehreren Prozessen aufgerieben hatte. Die Kosten und die Bauschäden der Siedlung Dessau-Törten wurden massiv öffentlich kritisiert, das Bauhaus stand finanziell weiterhin vor größten Problemen, denn die Versprechungen zur Mitfinanzierung waren nicht eingelöst worden, und deshalb verschlechterte sich auch das Verhältnis zu Oberbürgermeister Hesse, und außerdem hatte er inzwischen genügend Aufträge, um als Architekt mit eigenem Büro in Berlin wirken zu können. Mit Gropius verließen auch Moholy-Nagy und zum Ende des Sommersemesters Bayer und Breuer das Bauhaus, sodass Hannes Meyer mit einem Revirement die Schule komplett in seine Richtung umstrukturieren konnte.

Hannes Meyer – Volksbedarf statt Luxusbedarf

Mit Hannes Meyer änderte sich erneut der Kurs des Bauhauses, anfangs schrittweise, dann so radikal, dass Gropius massiv die Entlassung seines Nachfolgers mitbetrieb, obwohl er ihn doch selbst als Lehrer für Architektur geholt und nach einem Jahr als Direktor vorgeschlagen hatte. Als sich Meyer Anfang 1927 mit seinem Entwurf für das Völkerbundgebäude in Dessau vorstellte, war Gropius begeistert, denn das nach Funktionsabläufen konzipierte Projekt, das Meyer als eine «zweckentsprechende Erfindung», keine «stilistische Komposition» präsentierte, entsprach durchaus seiner eigenen Architekturauffassung. Für die zweite Auflage des programmatisch konzipierten Bauhausbuches «Internationale Architektur» ließ Gropius 1927 das Völkerbundprojekt direkt neben seinem Bauhausgebäude auf einer Doppelseite abbilden und demonstrierte damit seine Wertschätzung. Der sechs Jahre jüngere Meyer vertrat seit seinen Anfängen als Architekt eine eindeutig sozial bestimmte gesellschaftsbezogene Haltung, gepaart mit strikt rational materialistischem Denken, diese Überzeugungen schienen Gropius offensichtlich als Richtung für die weitere Entwicklung des Bauhauses zu entsprechen.

Meyer, aufgewachsen in einem Waisenhaus in Basel, fand in der Genossenschaftsbewegung, für die er 1919 seine erste Siedlung in Freidorf entwarf, seine geistige Heimat und eine Art von Familienersatz. Die Siedlung, in der er selbst bis 1926 wohnte, bezeichnete er als «Gießform eines neuen Lebens», hier sollte sich die Idee der Genossenschaft, einer zu gegenseitiger Unterstützung organisierten Solidargemeinschaft, entfalten. 1924 gestaltete er die Abteilung «Schweiz» auf der internationalen Genossenschaftsausstellung in Gent und gründete dort ein «Theater Co-op», bei dem individueller schauspielerischer Ausdruck durch kollektives Auftreten und Lautsprecher ersetzt wurde. Dieses Prinzip einer anti-individuellen Gestaltung übertrug er auf andere Bereiche wie «Foto Co-op» für fotografische Konstruktionen mit Licht oder «Lino Co-op» für gestanzte Linolschnitte. Die Arbeiten signierte er mit dem von nun an geführten Künstlernamen «Co-op», um seine auf das Kollektiv gerichtete Haltung zum Ausdruck zu bringen. Zur Idee der Kooperativen gehörte, individuelle und kollektive Lebensformen durch Standardisierung und Typisierung zu harmonisieren. Je mehr Produkte standardisiert und je mehr Lebensbereiche kollektiviert wurden, umso besser könnten sich Co-op-Gemeinschaften bilden und international auf einer völkerverbindenden Basis ausbreiten. 1926 skizzierte Meyer diese Vision einer internationalen Co-op Gemeinschaft mit neuen Menschen in dem Manifest «Die Neue Welt». In Entsprechung zur rasanten technischen Entwicklung sah er eine «Standardisierung des Wohnungs-, Kleidungs-, Nahrungs- und Geistesbedarfs», diese Vereinheitlichung zeige bereits «der Melonehut, der Bubikopf, der Tango, der Jazz, das DIN-Format und Liebigs Fleischextrakt». Im kollektiven neuen Zeitalter würden die Menschen dann als mobile, vaterlandslose «Halbnomaden» in neutralen «Wohnmaschinen» mit Standardprodukten leben, eine Lebensform, die er mit einem Blick in ein spartanisches Co-op Zimmer mit Klappstuhl, Bett und Grammophon illustrierte (Abb. 23). Zu dieser radikal antibürgerlichen Wohnatmosphäre erklärte er dann am Bauhaus: «gemütlichkeit und repräsentation sind keine leitmotive des wohnungsbaues. das erste hängt am menschenherzen und nicht an der zimmerwand. die zweite prägt die haltung des gastgebers und nicht sein perserteppich!» Im gleichen Jahr schloss sich Meyer dann auch Mart Stam, El Lissitzky und der Gruppe um die Schweizer Zeitschrift ABC an, die eine radikal «kollektive Gestaltung» auf wissenschaftlicher Basis forderte und jede Form von Kunst und Komposition durch Konstruktion und Funktionalität ersetzen wollte.

Als Meyer ans Bauhaus kam, war er mit der künstlerischen Stilisierung und Überformung von Produkten konfrontiert, die bereits als «Bauhausstil» vermarktet wurden. Von Anfang an

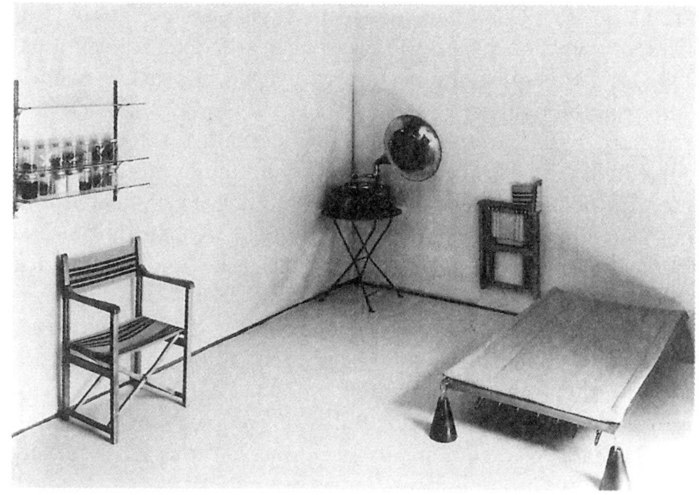

23 – Hannes Meyer, «Co-op Interieur» mit standardisiertem Mobiliar, 1926

sah er in der Schule ein «schwindelhaft-reklamehaft-theatralisches» Gebilde, das in eine «horizontal-vertikale Formenwelt verkrampft» war und wo aus jedem Teeglas «ein problematisch-konstruktivistelndes Gebilde» gemacht wurde. Diesen «Bauhausstil» kritisierte er zuerst, dann bekämpfte er ihn offen und am Ende machte er das Gropius-Bauhaus nur noch lächerlich: «Der Würfel war Trumpf, und seine Seiten waren gelb, rot, blau, weiß, grau schwarz. […] Man saß und schlief auf der farbigen Geometrie der Möbel. Man bewohnte die gefärbten Plastiken der Häuser. Auf deren Boden lagen als Teppiche die seelischen Komplexe junger Mädchen. Überall erdrosselte die Kunst das Leben» (Abb. 24). Da sich Meyers Kampf gegen den «Bauhausstil» in drastisch formulierter Ablehnung von «Kunst» und rigorosen Forderungen nach anonymer, sozial begründeter Typisierung niederschlug, wurde er vielfach nur als sturer Vertreter einer Verwissenschaftlichung gesehen und dann auch noch aufgrund seiner Propaganda für Kollektivität als Kommunist diffamiert. Meyer vertrat jedoch keine antikünstlerische, sondern eine materialistische, das heißt ausschließlich rational auf Fakten, Funktionen und Materialität begründete, Kunstauffassung, und er besaß zumindest bis 1930 ein genossenschaftliches, kein kommunistisches Sozialverständnis. Gestaltung sollte auf Standard und Typ ausgerichtet und deshalb nicht individuell subjektiv, sondern auf der Basis des Studiums konstruktiver, biologischer und psychologischer Bedingungen erfolgen. Schönheit entstand durch richtige funktionale Konstruktion und Brauchbarkeit für alle. Die Standardisierung und Typisierung sollte über den kapitalistischen Markt erfolgen, der durch genossenschaftliche Strukturen harmonisiert und sozialisiert, aber nicht im kommunistischen Sinne klassenkämpferisch revolutioniert werden sollte. Im Gegenteil, da Meyer die bereits von Gropius gepflegten Kontakte zur Industrie weiter intensivierte und die Bauhaus-Werkstätten für die Junkers-Werke arbeiten ließ, wurde er von kommunistischer Seite noch 1930 als «reaktionär» und «Stütze der herrschenden Klasse» kritisiert.

Als Meyer die Leitung zum Sommersemester 1928 übernahm, zählte die Schule 47 weibliche und 128 männliche Studierende, die Zahlen erhöhten sich etwas in den folgenden Semestern bis zu seinem Weggang im Sommer 1930. Die durch das Ausscheiden von Bayer, Breuer und Moholy frei gewordenen Leitungsstellen besetzte er in den Werkstätten für Reklame und Tischlerei mit Joost Schmidt und Josef Albers, die Metallwerkstatt übernahm Marianne Brandt, die seit 1924 am Bauhaus ausgebildet worden war, aber nur eine stellvertretende Leitung erhielt. Als Schriftleiter der seit Ende 1926 publizierten Zeitschrift «bauhaus» holte Meyer den Ungarn Ernst Kállai, der die neue Nummer zum Sommersemester 1928 mit einem Artikel «das bauhaus lebt» eröffnete, in dem er zwar den «bedenklichen bauhausstil» angriff, aber ansonsten die Kontinuität der Arbeit am Bauhaus herausstellte, die neuen Lehrer präsentierte und sogar das Budget mit Einnahmen und Ausgaben detailliert offenlegte. In diesem Heft stellte Adolf Behne den Beitrag von Meyer und seinem Partner Hans Wittwer vor, mit dem die beiden, unter Mitwirkung von Bauhaus-Studierenden, im Mai den Wettbewerb zum Neubau der Bundesschule des Allgemeinen Deut-

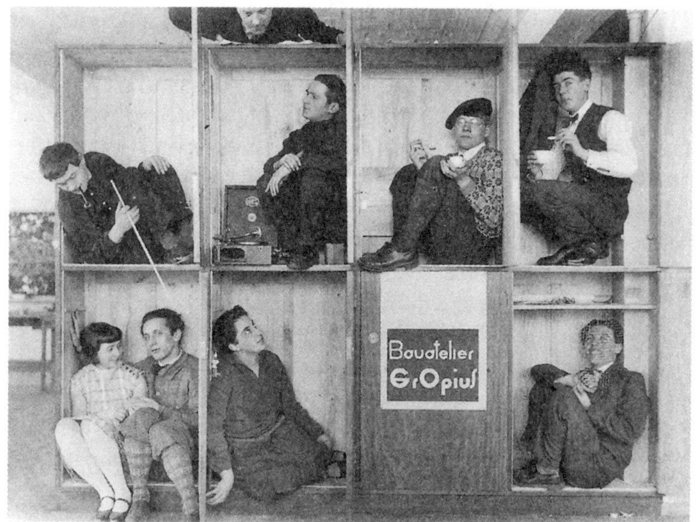

24 – Studierende in den Materialschränken des Bauateliers Gropius, um 1927

schen Gewerkschaftsbunds ADGB in Bernau gewonnen hatten. Dieser Auftrag war ein Glücksfall, denn nun konnte Meyer die Architekturabteilung in die Praxis einbeziehen, die Werkstätten mit der Bearbeitung der Ausstattung des Neubaus versorgen und in diesem Zusammenhang auch die Ausbildung schrittweise neu strukturieren.

Schon für das Sommersemester 1928 veränderte Meyer den Lehrplan mit dem Ziel, den gesamten Unterricht zwischen die zwei Leitbegriffe «Kunst» und «Wissenschaft» zu spannen. Gropius' Formel von «Kunst und Technik, eine neue Einheit» verschob sich damit zur Wissenschaft, die sich aber nicht mit der Kunst verbinden sollte, sondern dieser als Gegenpol gegenüberstand. Mit dieser Trennung wollte Meyer auch die formalistische Verwendung von Grundformen und -farben abschaffen, die zu dem von ihm verachteten «Bauhausstil» geführt hatte. Formfindung gehörte zum Bereich der Wissenschaft und sollte nach funktionalen und konstruktiven Vorgaben sowie im

Hinblick auf soziale und kollektive Brauchbarkeit erfolgen. Der künstlerische Faktor bei der Ausbildung wurde jedoch keineswegs beiseitegeschoben, sondern sogar noch verstärkt, indem Meyer das Lehrdeputat von Kandinsky und Klee erhöhte. Zudem erteilte Schlemmer im 3. Semester Aktzeichnen und unterrichtete das Programm «Der Mensch», und im 4. Semester lehrte Kandinsky noch einen weiteren obligatorischen Kunst-Kurs. Die zusätzlichen freien Malklassen von Klee und Kandinsky sowie Gastvorträge zu geisteswissenschaftlichen und kulturellen Themen dienten ebenfalls der Stärkung des künstlerischen Pols, der aber isoliert blieb. Den Bereich Wissenschaft unterstützten Gastvorträge zu naturwissenschaftlichen, medizinischen, psychologischen und soziologischen Themen. Der Unterricht an den Werkstätten wurde durch technische und betriebswirtschaftliche Fächer intensiviert und zunehmend auf die neue Architekturabteilung, die nun erst zum Zentrum des Bauhauses wurde, ausgerichtet.

Die unter Gropius' Direktorat noch marginale Architekturabteilung gestaltete Meyer vollkommen neu, denn es sollten keine Architekten, sondern «baumaterialisten» ausgebildet und in neun Semestern zum Diplom geführt werden. Den Unterricht teilte er ähnlich wie an Architekturfakultäten der Technischen Hochschulen in eine dreisemestrige Baulehre für die Grundausbildung und eine darauf aufbauende Bauabteilung. Allerdings bezog sich der Unterricht von Anfang an auf die Praxis, und die Studierenden wurden in ganz anderem Maße als an den Hochschulen in die Bauprozesse einbezogen. Für eine qualifizierte Architektenausbildung musste eine ganze Reihe von Lehrkräften für spezielle Fächer neu angestellt werden. Meyer leitete anfangs die Bauabteilung gemeinsam mit seinem Partner Hans Wittwer, der aber nach einem Jahr im Streit das Bauhaus verließ. Ihm folgten der Wiener Architekt Anton Brenner sowie aus Berlin Ludwig Hilberseimer, der die Leitung der Baulehre übernahm und konstruktives Entwerfen sowie ab dem Wintersemester 1929/30 auch Wohnungs- und Städtebau unterrichtete. Mit Alcar Rudelt kam zum ersten Mal ein Ingenieur ans Bauhaus und weitere Fachkräfte vermittelten Baustoff- und Festigkeitslehre, Beton- und Eisenbau, Betriebswissenschaft, Mathematik, Statik und technisches Zeichnen. Zusätzlich kam Mart Stam 1928 mehrmals für eine Woche als Gastlehrer aus Rotterdam, hielt Vorträge über elementare Baulehre und Städtebau und betreute einen Entwurf.

Im Frühjahr 1929 strukturierte Meyer dann die Werkstätten noch einmal um und fasste Tischlerei, Metall und Wandmalerei zu einer Ausbauwerkstatt zusammen, deren Leitung Alfred Arndt übernahm, der 1921 bis 1926 am Bauhaus studiert hatte und dann als Architekt tätig gewesen war. Zur Abteilung Reklame kam der Bereich Fotografie neu hinzu, dessen Leitung der Berliner Fotograf Walter Peterhans erhielt. Obwohl am Bauhaus seit der Berufung von Moholy-Nagy ständig mit Fotografie experimentiert worden war, erhielt das Medium erst jetzt eine fachliche Grundlage. Sämtliche Werkstätten wurden auf Wirtschaftlichkeit und Produktivität ausgerichtet, es sollten Standardprodukte für industrielle Vermarktung entwickelt und hergestellt werden. Während der Montag immer der musischen und der Freitag der wissenschaftlichen Ausbildung gewidmet war, arbeiteten die Studierenden von Dienstag bis Donnerstag in den Werkstätten unter Anleitung eines Werkmeisters. Einige erhielten den Status von «Mitarbeitern», diese mussten acht Stunden wie in einem Industriebetrieb tätig sein, waren aber dafür vom Schulgeld befreit und erhielten Lohn.

Die neue materialistische, wissenschaftlich fundierte Linie am Bauhaus wurde in der Hauszeitschrift «bauhaus» Ende 1928 mit einem Frontalangriff gegen die unter Gropius gepflegte Gestaltung und dem daraus resultierenden «Bauhausstil» präsentiert. Als Gastautor kritisierte der russische Konstruktivist Naum Gabo in einem Artikel mit der Überschrift «gestaltung?» die kugelförmige Deckenleuchte von Marianne Brandt als rein ästhetisierende Erfindung. Er verglich dieses Markenzeichen des Gropius-Bauhauses mit einem barocken Kerzenleuchter und einem Jugendstilleuchter und erklärte, unter direkter Bezugnahme auf die von Gropius deklarierte Wesensforschung bei Bauhausprodukten, es handle sich bei allen Beispielen nur um formale Verkleidungen eines unveränderten Kerns. Mit der elektrischen Glühbirne habe sich aber das Wesen einer Leuchte völlig verändert. Die Bauhaus-Deckenleuchte verdopple mit der Kugelform nur die Glühbirne, dies sei letztlich kunstgewerbliche Gestaltung, während die wahre Ästhetik eines Gebrauchsgegenstandes nicht in dessen Gestaltung, sondern in seiner Konstruktion und Verwendung liege.

Im gleichen Heft präsentierte Hannes Meyer den programmatischen Beitrag «bauen», der mit dem Credo beginnt: «alle dinge dieser welt sind ein produkt der formel: (funktion mal ökonomie).» Meyer wandte sich damit wieder gegen jede Form von Idealisierung und Irrationalität, er vertrat aber kein mechanistisches Weltbild, sondern plädierte in der Nachfolge von La Mettrie's materialistischer Programmschrift «L'homme machine» dafür, das Bauen als einen umfassend biologisch, funktional und ökonomisch determinierten Vorgang zu verstehen. In einem neuen Haus sollten nicht nur alle technisch funktionalen Anforderungen erfüllt, sondern auch psychische Wirkungen etwa von Farbe, Materialien, Umwelt und Klima einbezogen werden. Der Beitrag kulminiert deshalb in der Definition: «bauen ist nur organisation: soziale, technische, ökonomische, psychische organisation.» Als Vision beschwor Meyer neue genossenschaftliche Siedlungen, deren Modernität nicht in Flachdächern und vertikal-horizontaler Fassadenaufteilung – ein Seitenhieb gegen das rein formalistische Neue Bauen – bestünde, sondern in denen «kooperativkräfte und individualkräfte zum gemeinkräftigen ausgleich kommen».

Der Bezug jeder Form von Gestaltung auf gesellschaftliche und soziale Zusammenhänge wurde zum Motto und Leitmotiv des Meyer-Bauhauses. Anfang 1929 fasste er seine Vorstellungen in dem wieder in der Hauszeitschrift publizierten Manifest «bauhaus und gesellschaft» zusammen. Genau zehn Jahre nach Gropius' Gründungsmanifest präsentierte er die Idee seines völlig neu strukturierten Bauhauses und rechnete mit der bisherigen Entwicklung ab. Jede «lebensrichtige gestaltung» sei Ausdruck der Gesellschaft, das Bauhaus als Schule der Gestaltung sei deshalb kein künstlerisches, sondern ein soziales Phänomen. Aufgabe des Bauhauses sei es somit, für das Volk und die

«Volksgemeinschaft» zu gestalten und Volksschulen, Volksgärten, Volkswohnungen und Volksmöbel zu schaffen. Diesem Volksbedarf stellte Meyer dann die bisherige Bauhaus-Produktion gegenüber, die er als lebensfremde und funktionsfeindliche «modisch flache flächenornamentik» kritisierte, um dann zu erklären: «wir verachten jegliche form, die zur formel sich prostituiert. so ist das endziel aller bauhausarbeit die zusammenfassung der lebensbildenden kräfte zur harmonischen ausgestaltung unserer gesellschaft.» Mit direktem Bezug auf das Manifest von 1919, in dem als «Endziel» eine kristalline Zukunftskathedrale beschworen worden war, wurde das bisherige Bauhaus als Ästhetentum beerdigt und der Dienst an der Gesellschaft gefordert: «volksbedarf statt luxusbedarf» wurde zum Leitbegriff für die Arbeit am neuen Meyer-Bauhaus. Und wie um dieses Gegenbild zur Kathedrale zu illustrieren, steht dem Manifest Meyers ein ganzseitiges Foto des Gesichts einer ernsten «Frau aus dem Volke» gegenüber. Eine «aufnahme durch die fensterscheibe von co-op», also Meyers eigener Blick und Ausblick. Die radikale Umstülpung des Bauhauses zu einer Schule im Dienst des Volkes lässt sich hier eindeutig ablesen.

Die Verwissenschaftlichung vertieften Gastvorträge der Philosophen und Mathematiker Rudolf Carnap, Herbert Feigl und Walter Dubislav, die als Vertreter des Wiener Kreises die Lehre von der «Einheitswissenschaft» und vom «exakten Denken» am Bauhaus vermittelten. Nach dieser Denkschule durfte ausschließlich das faktisch Gegebene als Quelle der Erkenntnis akzeptiert werden, ein Ansatz, der mit Meyers Vorstellung von «materialistischer Gestaltung» – so der Titel vieler seiner Vorträge – gut korrespondierte. Zu diesem Kreis gehörte auch der Ökonom Otto Neurath, der die Bauhaus-Studenten mit der von ihm entwickelten «sozialen Bildstatistik» bekannt machte, mit der gesellschaftliche Zusammenhänge mit Bildzeichen im Hinblick auf ihre soziale Bedeutung quantitativ objektiviert und ablesbar gemacht wurden. Materialistische Analyse und soziale Bezugnahme durchdringen sich hier ähnlich wie bei Meyers Konzept für Werkstattarbeit.

Im Hinblick auf den neuen Leitbegriff «volksbedarf» wurde

die Arbeit in allen Werkstätten auf gesellschaftliche Relevanz ausgerichtet, mit Experimenten, Berechnungen und Diagrammen fundiert und gleichzeitig eine möglichst gewinnbringende Vermarktung der Produkte gesucht. Meyer reduzierte die bisher gepflegte Typenvielfalt, zielte auf Standardisierung nach dem Vorbild der Thonetstühle, und dadurch, dass die Fixierung auf Grundformen entfiel, konnten Objekte beweglich gestaltet und Materialien kombiniert werden. Im Zuge der Neuausrichtung der Werkstätten auf diese neue Designtheorie arbeiteten die Studierenden in der Tischlerei mit preisgünstigem Sperrholz, und die Möbelstücke wurden nicht mehr massiv, sondern aus miteinander verbundenen Latten und Hölzern, vielfach nach einem Stecksystem, variabel und zerlegbar konstruiert. Tische, Stühle, Hocker und sogar Schränke konnten geklappt und gefaltet werden und entsprachen somit dem Ideal einer einfachen, leichten Ausstattung für den modernen, mobilen Menschen. In der Metallwerkstatt wurden Schreibtisch- und Nachttischleuchten aus farbig gespritztem Aluminium mit drehbaren Schirmen entwickelt, die über die Leipziger Leuchtenfirma Körting und Mathiesen unter der Marke «Kandem» produziert und sogar noch bis in die 1950er-Jahre vertrieben wurden (Abb. 25). In der Werkstatt für Wandmalerei entstand die «bauhaustapete», das finanziell erfolgreichste und bis heute über die Firma Rasch produzierte Produkt des Bauhauses. Die Räume der Volkswohnungen sollten nicht mit bunten Mustern dekoriert, sondern mit dezent abgestuften Farbflächen charakterisiert werden. Die Werkstatt für Reklame gestaltete bevorzugt die eigenen Ausstellungen des Bauhauses und lieferte dazu die passenden Plakate und Druckschriften. In der Weberei ging es nicht mehr um Teppiche, sondern um Bodenbeläge, Gardinen und Gebrauchsstoffe, um «Stoffe im Raum», wie die Studierende Otti Berger formulierte. Die Weberinnen fertigten mit systematischen Versuchen Spannstoffe für Stahlrohrmöbel und Wände, und Anni Albers entwickelte für die Aula der ADGB Bundesschule zur Verbesserung der Akustik einen Spannstoff, der auf der einen Seite lichtreflektierend und auf der anderen schallschluckend war. Durch den Verkauf von Lizenzen von Bauhausmustern an

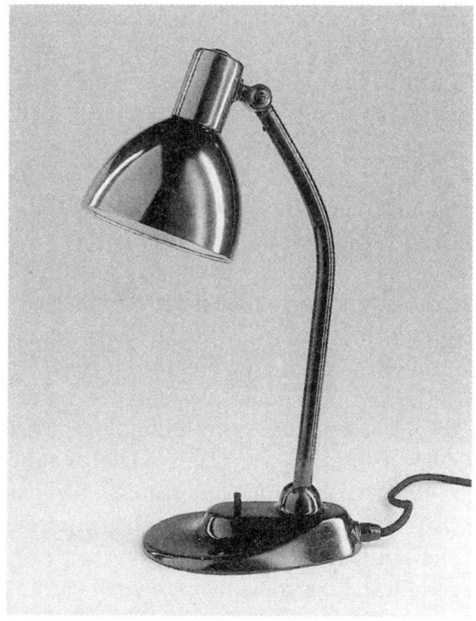

25 – Marianne Brandt, Hin Bredendieck, Schreibtischleuchte für die Firma Kandem, 1928

die Berliner Textilfirma Polytex konnte auch die Weberei wie alle anderen Werkstätten zur Verbesserung des Etats beitragen. Die Studierenden aller Werkstätten bekamen Entwurfshonorare für die von ihnen erarbeiteten Produkte und wurden an den Lizenzen und am Gewinn beteiligt.

Die angehenden Baumaterialisten erhielten die Grundausbildung in der Baulehre und kamen dann in die Bauabteilung. Dort konnten sie in «cooperativzellen» an vergüteten Bauaufträgen des Bauhauses mitarbeiten und damit als «Salär-Studenten» auch ihr Studium finanzieren. Dies sah Meyer auch als einen Weg zur wirtschaftlichen Befreiung der Studierenden. Für jedes Projekt wurden Studierende aus verschiedenen Semestern zu «vertikalbrigaden» zusammengefasst, damit sie lernten, im Kollektiv zu arbeiten, in dem die älteren den jüngeren Semestern helfen konnten. Während alle Bauprojekte, an denen Studierende in Gropius' Baubüro mitwirkten, unter dessen Namen firmierten, wurde nun in der Bauhauszeitschrift ein Wohnhaus vorgestellt und dazu ausdrücklich erklärt: «erbaut 1928 durch die bauabteilung des bauhauses.» Als die fünf Laubenganghäuser in Dessau-Törten, die Meyer als Auftrag der Stadt Dessau erhalten hatte, in der tschechischen Avantgardezeitschrift «ReD» mit Hinweis auf ihn als Architekt veröffentlicht wurden, monierte er dies beim Redakteur Karel Teige, denn er sei doch so stolz gewesen, dass zum ersten Mal am Bauhaus eine anonym-kollektive Arbeit stattgefunden habe. Der Laubengang, den Hilberseimer besonders propagierte, diente als offene Kommunikations- und Verteilerzone für alle Wohnungen und ermöglichte durch ein einziges Treppenhaus pro Wohnblock erhebliche Kosteneinsparungen. Mit den viergeschossigen Laubenganghäusern, die 90 «Volkswohnungen» mit äußerst günstiger Miete boten, demonstrierte Meyer auch einen Bruch in der bis dahin von Gropius erbauten Siedlung Törten. Im Kontrast zu den roten Sichtziegelblöcken wirkten Gropius' weiß verputzte Reihenhäuser, die für Arbeiter ohnehin unerschwinglich waren, geradezu bürgerlich.

Im September 1929 konnte eine programmatisch konzipierte «Volkswohnung», die komplett von den verschiedenen Bauhauswerkstätten mit der neuen Standardpalette von Objekten eingerichtet worden war, im Grassi-Museum in Leipzig gezeigt werden. Die zerlegbaren Tische und Stühle, die raumsparenden hochklappbaren Betten sowie die funktionalen Leuchten und monochromen Tapeten vermittelten im Vergleich zu den künstlerisch gestalteten Produkten des Gropius-Bauhauses einen sachlich neutralen, aber auch etwas «spröden» Eindruck, wie ein Kritiker treffend feststellte. Die Sprödigkeit der Erscheinung resultierte auch daraus, dass sich in den Werkstätten die von Meyer propagierte materialistische, wissenschaftlich fundierte Gestaltung häufig zu einer rigiden Anwendung und Umsetzung von Besonnungsdiagrammen, Lichtkurven, Materialkoeffizienten oder Wirtschaftlichkeitsberechnungen verengte. So wurde beispielsweise ein Architekturentwurf als Ergebnis reiner Be-

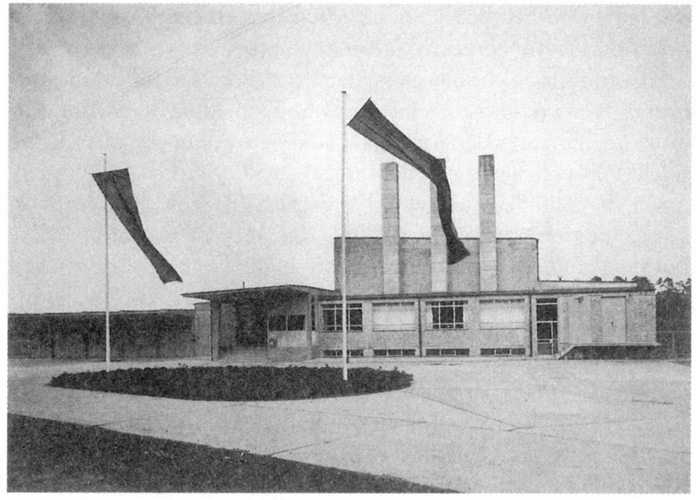

26 – Hannes Meyer, Hans Wittwer und Bauabteilung Bauhaus Dessau: Bundesschule des Allgemeinen Deutschen Gewerkschaftsbundes in Bernau bei Berlin, 1928–1930

rechnungen präsentiert, um den Eindruck zu vermitteln, dass sich die Form aus der Analyse geradezu von selbst ergebe. Hannes Meyer hatte diese Verwissenschaftlichung zwar selbst initiiert, aber bei ihm ging es um die bewusste Organisation von Lebensvorgängen und dies umfasste auch alle biologischen und psychologischen Aspekte bei der Nutzung, die wiederum im Gestaltungsprozess berücksichtigt werden sollten.

An der Bundesschule des ADGB, die er bis Mai 1930 unter Mitwirkung der Bauhauswerkstätten ausführte und die auch als anti-künstlerisches Gegenstück zu Gropius' gestyltem Dessauer Bauhausgebäude gesehen werden kann, führte er Gestaltung als Organisation des Lebens exemplarisch vor. Nach dem von Pestalozzi übernommenen Prinzip der «kleinen Kreise» entstehen die Baublöcke aus der Addition der Lebenskreise der 120 dort studierenden Arbeiter – von der «Kameradschaft» im Doppelzimmer über die «Zelle» in den Arbeitsgruppen der Geschosse zum «Kollektiv» der ganzen Anlage. Die Orientierung erfolgt durch farbliche Nuancierung der «roten Wege», durch Lehrräume im Obergeschoss soll den Arbeitern «geopsychisch» das Gefühl des Gehobenseins, der Erhebung durch Bildung vermittelt werden, und einzelne bauliche Elemente wie die drei Kamine am Eingang der Arbeiterschule vermitteln als sprechende Architekturzeichen die Bedeutung einer «Lernfabrik» (Abb. 26). Auch die Einbeziehung der Landschaft als Faktor einer Wirkung auf den Menschen ist Teil von Meyers Gestaltung. Die Bundesschule ist eine Demonstration der von dem russischen Philosophen Alexander Bogdanow propagierten «proletarischen Kultur», die durch Organisation des Lebens entsteht: Kunst sollte nicht als ästhetisches Programm, als Stil ins Leben getragen, sondern das Leben sollte so organisiert werden, dass es selbst zum Kunstwerk wird. Ähnlich wie sein tschechischer Freund Karel Teige wollte Meyer die Kunst als idealistisches Konstrukt «liquidieren», aber den wissenschaftlich fundierten Funktionalismus durch den konsequenten Bezug auf den Menschen als Kunstform darstellen beziehungsweise ihm «poetische» Qualität verleihen.

Das zehnjährige Bestehen des Bauhauses nutzte Meyer 1929, um die von ihm neu ausgerichtete Schule zu präsentieren und sich gleichzeitig noch stärker vom Gropius-Bauhaus zu distanzieren. In der Hauszeitschrift verfasste Kállai zum Jubiläum eine Polemik gegen die «geschmäcklerische willkür» und den «schöngeistigen hang zu geometrischen elementargebilden» des alten Bauhausstils und feierte die nun erreichte Orientierung an den Bedürfnissen der Volksgemeinschaft. Hannes Meyer publizierte eine Werbebroschüre «junge menschen kommt ans bauhaus», in der er seine Schule gegen die verstaubten Akademien positionierte und als attraktiven Ort einer modernen selbstbewussten Jugend präsentierte, und er ließ die Ausstellung «10 Jahre Bauhaus» zusammenstellen, in der nur Produkte aus der Zeit seines Direktorats zu sehen waren. Die von April 1929 bis Sommer 1930 in Basel, Breslau, Dessau, Essen, Mannheim und Zürich gezeigte Schau mit Standardprodukten für die Volkswohnung (Abb. 27) war somit eine weitere gezielte Provokation des Bauhausgründers, der sich aus seinem Haus ver-

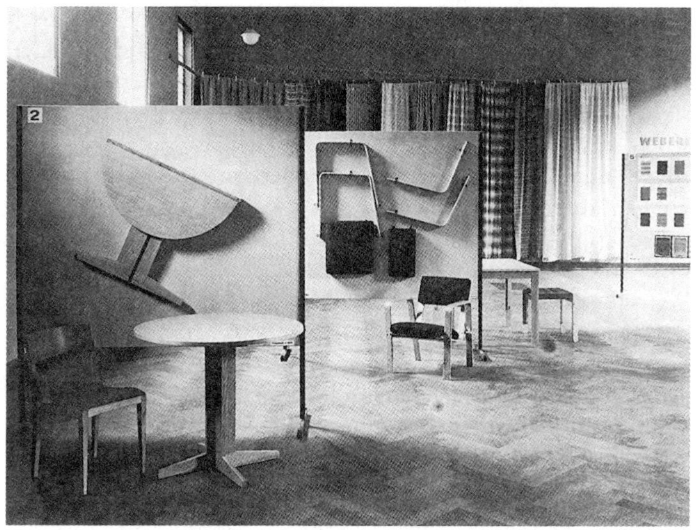

27 – Blick in die Wanderausstellung des Bauhauses in Basel, 1929: zerlegbare Produkte, die am Bauhaus unter der Leitung von Hannes Meyer entstanden.

drängt fühlen musste. Gropius schlug allerdings sofort zurück und publizierte 1930 einen neuen Band der Reihe Bauhaus-Bücher, an der er die Rechte besaß, über «bauhausbauten dessau», in dem Meyer nicht vorkam.

Mit seinem neuen Kurs konnte Meyer jedoch Erfolge aufweisen, die Zahl der Studenten stieg im Wintersemester 1929/30 auf 202 an, mit immer mehr Firmen kam es zu Produktions- und Lizenzverträgen, die Einnahmen stiegen beträchtlich an, auch wenn der Schuletat weiter bezuschusst werden musste. Das Bauhaus war auf dem Weg, sich zum wichtigsten Ort gesellschaftsbezogener Gestaltung zu entwickeln, als im Oktober 1929 die Weltwirtschaft zusammenbrach und sich in der Folge nicht nur das wirtschaftliche, sondern auch das politische Klima völlig veränderte. Eine gesellschaftspolitische Gestaltung im Sinne einer Veränderung der Produktions- und Lebensbedingungen betrieb Meyer bis zu diesem Zeitpunkt nicht, denn er verfolgte das

Ziel, Standardprodukte über den kapitalistischen Markt durch Rationalisierung für die Volksgemeinschaft erschwinglich zu machen. Die von Meyer angestrebte Optimierung der Rationalisierung von Räumen und Produkten bezeichnete deshalb El Lissitzky als «kapitalistische Karikatur», denn sie diente dem Markt und war nicht auf eine Veränderung der sozialen Bedingungen ausgerichtet. Auch Siegfried Kracauer verwies darauf, dass Rationalisierung und Standardisierung nicht die Produktionsbedingungen veränderten, sie seien «mehr ein Spiegel des Wirtschaftssystems als eine Freisetzung des Menschlichen».

Die ökonomische Krise stärkte die Parteien der politischen Extreme. Die Nationalsozialisten stellten bereits im Januar 1930 in Thüringen mit Wilhelm Frick den neuen Innenminister, der dann Paul Schultze-Naumburg, Mitglied im Kampfbund für deutsche Kultur und Verfasser der Hetzschrift «Kunst und Rasse», zum Direktor der Weimarer Bauschule berief. Dieser ließ umgehend die Wandgestaltungen von Oskar Schlemmer im Treppenhaus des ehemaligen Bauhauses entfernen, um geradezu handgreiflich die radikale Haltung der Nationalsozialisten gegen die Moderne zu demonstrieren. In Anhalt und in der Stadt Dessau standen zwar noch keine Wahlen an, aber die Politiker begannen ihre Positionen und Spielräume mit Blick auf die Bewegung bei den Wählern abzustecken. Da am Bauhaus eine seit 1927 bestehende kommunistische Studentenzelle, «kostufra», mit der Krise von sieben auf 36 Mitglieder anwuchs und mit Artikeln und Liedern an die Öffentlichkeit trat, befürchteten Politiker der SPD, die das Bauhaus bislang gestützt hatten, dass sie die Gunst ihrer Wähler verlieren könnten. Oberbürgermeister Fritz Hesse, der zum Regieren auf die SPD angewiesen war, fürchtete wiederum, dass sich seine Partner von ihm distanzierten, wenn er ein Bauhaus unterstützte, das in den Ruch gebracht wurde, kommunistisch unterwandert zu sein. SPD-Politiker und Hesse intervenierten deshalb bei Meyer, der daraufhin die kommunistische Zelle sofort verbot. Aber der rechte «Anhalter Anzeiger» agitierte nun gegen das Bauhaus, stellte Hesse als linkslastig dar, erfand eine «Ortsgruppe Bauhaus Dessau» der KPD und schürte damit die Ängste der Politiker um ihre Wähler.

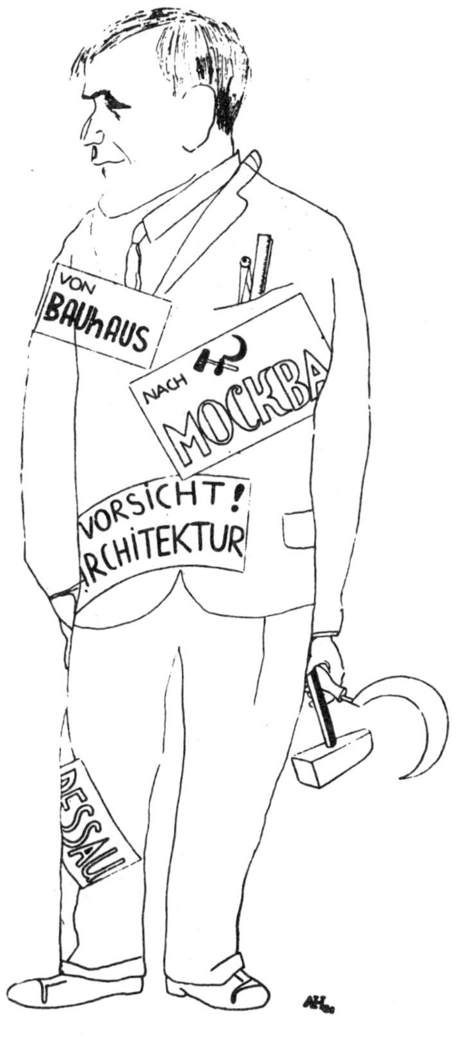

28 – «Hannes Meyer geht in die Sowjetunion», Karikatur von Adolf Hofmeister, 1930

Meyers Gegner, darunter Kandinsky und Albers und aus dem Hintergrund Gropius, sowie der Landeskonservator Ludwig Grote nutzten die Gelegenheit, um zusätzlich gegen Meyer zu intrigieren. Als dieser im Juni streikenden Bergarbeitern in Mansfeld über die kommunistische Internationale Arbeiterhilfe IAH privat Geld spendete, nahm der Oberbürgermeister dies zum Anlass, ihm den Rücktritt nahezulegen. Als sich Meyer weigerte, kam es zur fristlosen Kündigung, die wieder zurückgezogen werden musste, aber dann kündigte er zwangsweise selbst zum 1. August 1930. Auch wenn Hesse und Grote später behaupteten, Meyer habe sich in einem Gespräch als «philosophisch-marxistisch» bezeichnet, was Meyer bestritt, ging es nur darum, dass sich der Oberbürgermeister wie die SPD-Politiker mit Blick auf ihre Wähler durch die Entlassung des Direktors prophylaktisch politisch absichern wollten. Die Entpolitisierung brachte nichts, zwei Jahre später wurde das Bauhaus von den Nationalsozialisten geschlossen.

Hannes Meyer rechtfertigte sich und seine Arbeit in einem offenen Brief an den Oberbürgermeister «Mein Hinauswurf aus dem Bauhaus», den er am 16. August in der Zeitschrift «Das Tagebuch» veröffentlichte, und in dem er wieder herausstellte, dass er den formalistischen Bauhausstil beseitigt und eine funktionierende Schule zur Produktgestaltung für die Volksgemeinschaft geschaffen habe. Die Studenten, die linke Presse und einige engagierte osteuropäische Architekten protestierten gegen die Entlassung, aber insgesamt blieb die Kritik verhalten, deutsche Architekten meldeten sich überhaupt nicht zu Wort. Aus dem Bauhaus selbst schrieb nur Klee einen freundlich bedauernden Brief und der von Meyer neu berufene norwegische Architekturlehrer Edvard Heiberg verließ aus Protest die Schule. Da Hannes Meyer noch im Herbst des Jahres mit einer «roten Bauhaus-Brigade» nach Moskau ging (Abb. 28), um am Aufbau der Sowjetunion mitzuwirken, schienen sich die Vorwürfe, er sei immer Kommunist und Marxist gewesen, im Nachhinein von selbst zu bestätigen. Seine Leistungen am Bauhaus wurden jahrzehntelang unterdrückt und verfälscht.

Mies van der Rohe –
Eine geistige Ordnung bauen

Parallel zu dem Versuch, Meyer aus dem Amt zu verdrängen, hatten Gropius und Hesse bereits nach einem Nachfolger gesucht. Zuerst fragte Gropius bei dem Architekten Otto Haesler in Celle an. Als dieser absagte, konzentrierten sich die Bemühungen auf Ludwig Mies van der Rohe (Abb. 29), mit dem die Verhandlungen so weit geführt wurden, sodass er bereits wenige Tage nach dem Rücktritt Meyers offiziell die Leitung übernehmen konnte. Gropius und Mies hatten sich 1908 als Mitarbeiter von Peter Behrens in dessen Neubabelsberger Büro kennengelernt und waren über den Deutschen Werkbund sowie verschiedene Berliner Avantgardegruppen seit Langem miteinander in Verbindung. An der Stuttgarter Ausstellung «Am Weißenhof», die Mies als zweiter Vorsitzender des Werkbunds 1927 organisierte, war Gropius mit zwei experimentellen Bauten beteiligt. Die Ausstellung, an der 17 Architekten aus fünf Ländern mitwirkten, demonstrierte die von Gropius 1923 propagierte «Internationale Architektur» im Sinne einer länderübergreifenden gemeinsamen Formensprache als baulicher Ausdruck der Gegenwart, sie wurde deshalb von Walter Curt Behrendt in einer Publikation unter dem Titel «Der Sieg des neuen Baustils» gefeiert. In zwei kurzen Texten zur Ausstellung hatte sich Mies gegen das «Feldgeschrei» und die «Schlagworte [...] Rationalisierung und Typisierung» positioniert und erklärt, diese dürften niemals Ziel des Bauens sein. Der Kampf um neue Lebensformen sei nicht «mit rechnerischen und organisatorischen Mitteln zu lösen», denn es gehe um ein «baukünstlerisches Problem». Damit wandte sich Mies gegen Baumaterialisten wie Hannes Meyer, dessen Entwurf für das Völkerbundgebäude er bei einem Vortrag über «Die Voraussetzungen baukünstlerischen Schaffens» 1928 als Beispiel für eine «rein technisch-wissenschaftliche Arbeit» zeigte und mit einem Viadukt und einer Leuchte parallelisierte. Meyers Entwurf war demnach für ihn eine rein wissenschaftliche Konstruktion, Aufgabe eines baukünstlerischen Entwurfs sei es aber, die Möglichkeiten der Technik dazu einzusetzen, um mit den geistigen schöpferischen Kräften eine «neue Ordnung» zu bauen. Mit diesen Worten zitierte Mies den Theologen Romano Guardini, dessen Publikation «Briefe vom Comer See» 1926 fast eine Art Erweckungserlebnis bei ihm ausgelöst hatte. Die ungeheure Masse des Wissens, der riesenhafte wirtschaftliche Apparat und die gewaltige Technik der Gegenwart seien «nur Rohmaterial», das durch eine geistige Leistung in eine auf den Menschen bezogene Ordnung gebracht werden müsse. Der mit Guardini und Mies befreundete Architekt Rudolf Schwarz übertrug diese Gedanken 1928 in der Publikation «Wegweisung der Technik», die Mies ebenfalls stark beeinflusste, auf Architektur. Schwarz verwies auf die Bauten der Gotik, bei denen sich die inneren Spannungen der Konstruktion in Licht auflösten. Dementsprechend müsste die heutige Technik dahin gebracht und so gestaltet werden, dass hinter dem Materiellen das Geistige als Ordnung, Symbol und Schönheit sichtbar werde. Guardini zitierte für diese Idee einen Satz von Augustinus, der für Mies zum Motto seiner architektonischen Arbeit wurde: «Das Schöne ist der Glanz des Wahren.» Das Geistige drückte sich für Mies in den Proportionen der Dinge und den Maßverhältnissen zwischen den Dingen aus, Baukunst war deshalb für ihn «der räumliche Vollzug geistiger Entscheidungen». Dieses Transzendieren des Materiellen zu einem baukünstlerischen Werk führte Mies 1929 beim Deutschen Pavillon auf der Weltausstellung in Barcelona exemplarisch vor: Alle Räume fließen ineinander, Technik und Material werden zum Ausdruck geistiger Ordnungen, Innen und Außen verbinden sich zu einem vollendet harmonischen Kunstwerk.

Mit diesen Vorstellungen von Architektur als Baukunst kam Mies an das Bauhaus, das Hannes Meyer über zwei Jahre lang auf Verwissenschaftlichung, Standardisierung und Erfüllung von kollektiven Bedürfnissen getrimmt hatte. Gropius und Hesse holten somit einen Architekten, der den Auffassungen

Meyers diametral entgegenstand und von dem sie erwarten konnten, dass er das Bauhaus entsprechend verändern würde. Mies selbst plante gerade die Villa Tugendhat in Brünn, einen der luxuriösesten Privatbauten der Zeit mit einer frei stehenden Onyxwand und versenkbarem Panoramafenster, der Kontrast zu Meyer hätte kaum größer sein können. Zur Ausgangslage gehörte allerdings auch, dass die Stadt Dessau das Budget kürzte, da sich die wirtschaftliche Lage in Deutschland zunehmend weiter verschlechterte, und natürlich wusste Mies auch, dass er geholt worden war, um die Schule zu entpolitisieren, damit Hesse und die SPD den Rücken frei hätten von den ständig anwachsenden Angriffen auf das von ihnen gestützte, angeblich «bolschewistische Bauhaus». In Dessau schlug Mies die Abneigung der Mehrzahl der Studenten entgegen, die Meyers Kurs fortsetzen wollten und deshalb zum Streik aufriefen. Daraufhin schloss er unter Einsatz der Polizei am 9. September 1930 das Bauhaus, der Meisterrat tagte ohne eine Studentenvertretung und setzte die alte Satzung außer Kraft. Die neue Satzung wurde am 15. Oktober von der Anhaltischen Landesregierung genehmigt und galt zum Studienbeginn am 21. Oktober 1930. Jeder einzelne der 170 Studenten wurde von Mies persönlich einer «Neuaufnahme» unterzogen und musste vor der Aufnahme die geänderte Satzung, die strenge Ordnungs- und Disziplinarvorschriften enthielt, jegliche politische Aktivität verbot und dem Direktor fast autoritäre Vollmacht verlieh, unterschreiben. Fünf ausländische Studenten, die zum engeren Mitarbeiterkreis von Hannes Meyer gehört hatten, wurden ohne Begründung binnen 24 Stunden von der Polizei ausgewiesen. Den 26 Studenten, die ein Wohnatelier im Bauhaus hatten, wurden die Wohnungen mit sofortiger Wirkung entzogen und die Räume für Lehrzwecke, unter anderem für die Malklasse von Kandinsky, umgebaut. Damit entledigte sich Mies zwar der dauernden Präsenz von Studenten im Schulgebäude und einer Quelle möglicher Konflikte, aber gleichzeitig zerstörte er das kommunikative Zentrum des Bauhauses, den Ort von Zusammenkünften und Feiern der Studenten. Das Ateliergebäude – nach dem Vorgänger in Weimar «Prellerhaus» genannt – diente seit der Eröffnung der Schule als Kulisse für zahllose Fotografien, mit denen das rege studentische Leben am Bauhaus illustriert wurde. Mit Mies war dies vorbei, und der Bauhäusler Gustav Hassenpflug schrieb enttäuscht an Otti Berger: «Mit dem Atelierhaus fällt die lebendigste Idee des Bauhauses.»

In der neuen Satzung vom 21. Oktober 1930 wird ganz lapidar definiert: «zweck des bauhauses ist die handwerkliche, technische und künstlerische durchbildung der studierenden.» Jeglicher zukunftsorientierte oder gar utopische Aspekt war aus der Zielsetzung verschwunden, das Bauhaus war zu einer ganz normalen Schule geworden. Die Ausbildung wurde auf sechs Semester reduziert, dann konnte mit dem Bauhausdiplom abgeschlossen werden. Der Vorkurs existierte zwar noch, aber er hatte mehr die Funktion einer allgemeinen Einführung, wer bereits eine entsprechende Vorbildung mitbrachte, konnte direkt in die Ausbildung zum Architekten einsteigen. Damit wurde ein Herzstück des bisherigen Bauhauses, die obligatorische Vorlehre als Mittel zu einer gemeinsamen Grundlage der Gestaltung aller Studierenden, zumindest stark geschwächt. Dass die neu aufgenommenen Studierenden dabei in einer offiziellen Werbebroschüre 1932 als «ungleichartiges Schülermaterial» bezeichnet werden, spiegelt im Vergleich zu Meyers enthusiastischem Aufruf «junge menschen kommt ans bauhaus» eine neue Form bürokratischer Kälte. Bei den Werkstätten blieb die Aufteilung in Ausbau und Bauabteilung sowie Reklame und Weberei erhalten, die Fotografie unter Peterhans sowie die «bildende Kunst» wurden selbstständige Studiengänge. Bei den Lehrkräften hatte es schon unter Meyer starke Veränderungen gegeben. Mitte 1929 war Oskar Schlemmer an die Breslauer Kunstakademie gegangen, seitdem gab es keine Bühnenabteilung mehr, keinen Spielraum für Bewegung, Imagination und Kunst. Zum 1. April 1931 ging Paul Klee an die Düsseldorfer Kunstakademie. Mit ihm verlor das Bauhaus nicht nur den renommiertesten Künstler, sondern auch eine Persönlichkeit, die durch eine subtile Vermittlung des Wesens künstlerischer Gestaltung immer einen Gegenpol zu jeder Form von mechanistischer, rein funktional orientierter Arbeit geboten hatte. Die Qualität der besten Bau-

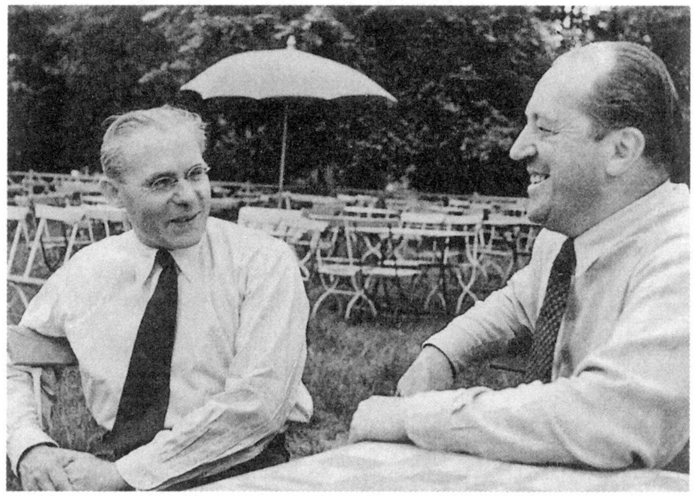

29 – Ludwig Hilberseimer und Mies van der Rohe, 1933

hausprodukte basiert auch auf der von ihm ausgehenden Intuition und dem künstlerischen Anspruch, die den Studierenden zwar nicht messbare, aber entscheidende Impulse bei ihrer Arbeit lieferten. Im Wintersemester 1931/32 übernahm die Innenarchitektin Lilly Reich – Lebensgefährtin Mies van der Rohes und seit 1925 mit ihm in Arbeitsgemeinschaft – die Weberei, und im Januar 1932 erhielt sie auch noch nach dem Ausscheiden Alfred Arndts die Leitung der gesamten Ausbauwerkstatt. Wie bei den gemeinsamen Projekten gewährleistete Reich somit auch am Bauhaus das harmonische Zusammenwirken von Ausstattung und Architektur. In den Werkstätten ging die Mischung aus Lehr- und Produktivbetrieb weiter, da aber aufgrund der schlechten Wirtschaftslage in ganz Deutschland kaum mehr Industrieaufträge eingingen, reduzierte sich die Arbeit an Musterprodukten von selbst. Eine Lehrlingsausbildung erfolgte unter Mies überhaupt nicht mehr.

Die Architekturabteilung stand unter Mies ähnlich wie bei Meyer im Zentrum der Ausbildung, über die Hälfte der Studierenden belegte Bau und Ausbau, sie erhielt aber nun eine völlig andere Struktur und Zielsetzung. Während bei Meyer der gesamte Unterricht vom ersten Semester an auf Praxis ausgerichtet war und die Studenten so weit wie möglich in konkrete Bauaufgaben eingebunden wurden, spielte Praxis im neuen Curriculum kaum eine Rolle. Die ersten beiden Semester dienten der Vermittlung von technischen und darstellenden Grundlagen. Im dritten und vierten Semester unterrichtete Hilberseimer zuerst noch die Baulehre als Einführung in konstruktives Entwerfen, 1931 wurde der Unterricht dann umbenannt in «Seminar für Wohnungs- und Städtebau». Hier ging es insbesondere um Haustypen, Gebäudeorientierung und Siedlungsstrukturen, bei denen ein rigider Zeilenbau mit Hoch- und Flachbauten gemischt werden sollte. Hilberseimer (Abb. 29) war von Meyer ans Bauhaus geholt worden, da er zum einen eine Verwissenschaftlichung des Entwerfens vertrat, denn aus der mathematischen Berechnung und der rigiden Reduktion auf geometrische Grundformen entstanden für ihn Klarheit und Schönheit – «das Maß wird Herr, das Chaos [wird] gezwungen Form zu werden» wie er unter Bezug auf Nietzsche öfter formulierte. Und weil er sich zum anderen mit der Publikation «Großstadtarchitektur» 1927 als Vertreter eines rigorosen Stadtumbaus für kollektivistische Gemeinschaften, für die «Massen der Moderne» profiliert hatte. In der von ihm entworfenen «Großstadt für drei Millionen Einwohner» sollte das Individuum ganz im Dienst der Gemeinschaft stehen. In riesigen Blöcken, sogenannten Gemeinschaftshäusern, sollten jeweils 9000 Menschen leben, wohnen und arbeiten, aus deren Addition sollten die Städte zu einer Art überpersönlicher Individuen werden und sich allmählich zu einer großen staaten- und länderübergreifenden harmonischen «Menschheitsgemeinschaft» zusammenschließen. Dieses Ideal einer «terre des hommes», das Bruno Taut als ein «Aufblühen der Erde» 1919 visionär skizziert hatte, stellte Hilberseimer allerdings in schematischen, menschenleeren Zeichnungen dar, die den Eindruck eisiger Trostlosigkeit vermitteln. Armut und «Primitivität» der Erscheinung, die er ähnlich wie Walter Benjamin als Ausdruck einer ursprünglichen Lebensform verstand,

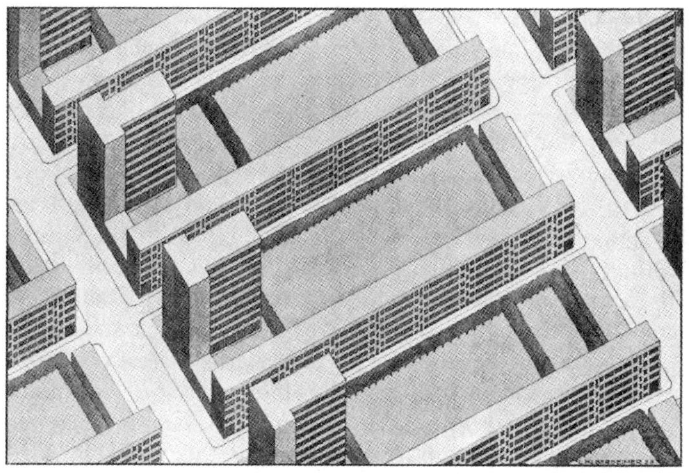

30 – Ludwig Hilberseimer, Kleinstwohnungen, 1929

mit der ein radikaler Neuanfang verbunden war, schlugen um in Sterilität. In den 1940er-Jahren distanzierte er sich selbst von diesem Entwurf und bezeichnete ihn als «Nekropolis». Am Bauhaus entwickelte er die funktional konzipierte Stadt weiter, auch die Landschaft sollte nun wie bei den sowjetischen Bandstadtprojekten Nikolai A. Miljutins einbezogen werden. Auch nach der Übernahme des Direktorats durch Mies betreute er einen kollektiven Studentenentwurf zu einer «sozialistischen Stadt» oder die Planung einer Arbeitersiedlung für die Junkers-Werke und ließ «Kleinstwohnungen» und Wohnungen für das Existenzminimum untersuchen (Abb. 30). Hilberseimer setzte somit auf theoretischer Ebene Ideale und Konzepte von Hannes Meyer fort und ermöglichte eine gewisse Kontinuität bei der Arbeit der Studierenden. Da er im Gegensatz zu Meyer soziale Fragen völlig abstrakt behandelte, auch sein Entwurf einer «Wohlfahrtsstadt» wirkt wie eine rein technizistische Konstruktion, gab es auch keine Probleme mit den Bemühungen von Mies, die Schule völlig zu entpolitisieren.

Im Anschluss an Hilberseimer unterrichtete Mies alleine das

fünfte und sechste Semester. Umgekehrt zur üblichen Architektenausbildung, die vom Haus zur Stadt, vom Kleinen zum Großen geht, bearbeiteten die Studenten nach dem Städtebau fast ausschließlich Einfamilienhäuser, die zumeist als Flachbauten mit Wohnhof konzipiert wurden. Mies erklärte zwar, wer ein Haus entwerfen könne, könne alles bauen, aber das Einfamilienhaus als Ziel der gesamten Ausbildung verweist auf eine für Mies kennzeichnende bürgerlich individualistische Grundhaltung. Es ging dabei nur um Idealprojekte, die zeichnerisch ansprechend präsentiert und künstlerisch gestaltet werden sollten. Zur Verbesserung der Fähigkeiten zur Darstellung musste Albers sogar in der Vorlehre wieder einen Zeichenkurs anbieten. Bei Meyer ging es um eine Erziehung zum sozialbewussten Bauen für das Kollektiv, die Zeichnungen dienten nur der technischen Information und waren mit Berechnungen und Diagrammen gefüllt, die den wissenschaftlichen Anspruch dokumentieren und zum Teil auch legitimieren sollten. Die Entwürfe aus dem Unterricht bei Mies erscheinen dagegen fast leer, die Häuser stehen als isolierte Kunstwerke auf der Fläche, es geht um Proportionen, fließende Räume und harmonische Ausbalancierung von Innen und Außen. Während bei Meyer die Orientierung an sozialen Fragen zu einer Minimierung der Flächen, zu einer Wohnung für das Existenzminimum und bestenfalls zu einer Ästhetisierung der Armut führte, sind die verschwenderischen Räume der Entwürfe bei Mies geradezu eine Demonstration künstlerischer Freiheit, die sich über soziale und ökonomische Fragen hinwegsetzt. Soziale Themen spielten bei ihm keine Rolle, denn sie passten nicht in seine Vorstellung von Architektur als durchgeistigtem Kunstwerk, er selbst sprach deshalb auch nie vom «Bauen», sondern nur von «Baukunst». Es ging immer darum, mit harmonischer Architektur dem individuellen, niemals aber einem typisierten oder gar kollektiven Nutzer Räume zur Entfaltung zu geben.

So führte Mies das wieder einmal völlig umstrukturierte Bauhaus vier Semester lang in Richtung auf eine kleine, elitäre Architekturakademie. Da er keine Alternativen zu seiner eigenen Auffassung von Gestaltung akzeptierte, erzog er Schüler, deren

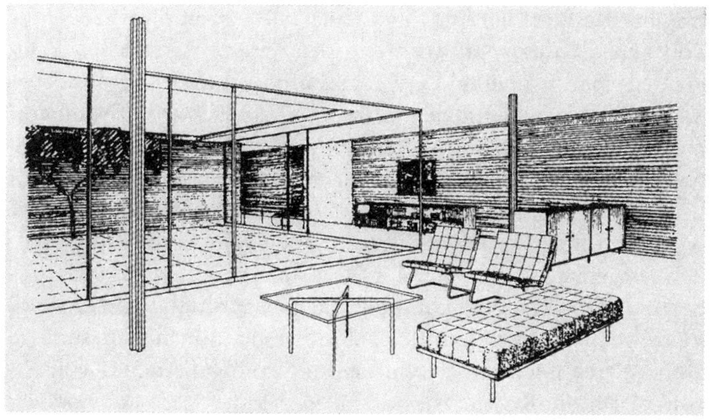

31 – Studienarbeit aus dem Unterricht (Bauseminar) Mies van der Rohe, 1932/33: Günter Conrad, «Haus C», Wohnraum und Wohnhof

künstlerisches Empfinden er zwar sublimierte, die aber, wie alle Studentenarbeiten belegen, nur die Vorgaben des Meisters variierten (Abb. 31). Eine Präsentation und öffentliche Diskussion der Arbeit am Bauhaus fand nur im Rahmen der Deutschen Bauausstellung in Berlin 1931 statt, auf der Mies die Abteilung «Die Wohnung unserer Zeit» organisierte. Dort wurden 1:1-Modelle von großräumigen Häusern mit Einrichtungen aus dem Bauhaus sowie Wandgestaltungen von Kandinsky und Schlemmer gezeigt, und auf Einladung von Mies beteiligten sich auch Gropius und Breuer. An der von linken Architekten organisierten «proletarischen Bauausstellung», die als Gegenposition Fragen des Wohnens in Zeiten wirtschaftlicher Not behandelte, nahmen nur einige Studenten aus dem Bauhaus teil.

Auch wenn sich Mies um eine Konsolidierung des Bauhauses bemühte, so bestimmten doch letztlich die politischen und ökonomischen Probleme den weiteren Weg. Die ständige Verschlechterung der wirtschaftlichen Lage in ganz Deutschland führte dazu, dass der Magistrat den Etat des Bauhauses für 1932 auf 92 000 Mark kürzte, 1929 waren es noch 160 000 gewesen. Die Kooperation mit der Industrie ging zurück, der Vertrag mit Kandem lief Ende 1932 aus, und insgesamt wurden nur drei neue Schutzrechte während der Amtszeit von Mies angemeldet. Sparzwänge und Geldbeschaffung waren ständige Themen in den wöchentlichen Beiratssitzungen. Da der Magistrat auf Einsparungen drängte, plante Mies, die Verteilung der Einnahmen, die dem Bauhaus aus der Verwertung angekaufter Modelle zuflossen, zu verändern. Bereits Meyer hatte infolge der wirtschaftlichen Probleme den am 1. November 1928 verbindlich festgelegten Anspruch der Werkstattstudenten auf eine prozentuale Gewinnbeteiligung mit einer Verordnung zum 1. April 1930 wieder abgeschafft. Die Studierenden erhielten seitdem zumeist nur noch die Entwurfshonorare beim Ankauf von Arbeiten. Da die Kooperationen mit der Industrie 1930 noch zu einer Steigerung der Umsätze führte, wurden die Sparmaßnahmen letztlich auf dem Rücken der Studenten ausgetragen. 1931 gingen die Einnahmen jedoch drastisch zurück, und der Druck des Magistrats erhöhte sich, denn bei den Gemeinderatswahlen am 25. Oktober 1931 errang die NSDAP, die erstmals in Dessau antrat, 15 von 36 Sitzen, und 5 weitere Plätze wurden von anderen rechten Gruppierungen besetzt, worauf der stellvertretende NS-Gauleiter Paul Hofmann die Position des Stadtverordnetenvorstehers erhielt.

Die Gemeindewahlen waren von der NSDAP unter der Parole des Kampfes gegen das «bolschewistische Bauhaus» und die «jüdische Bauhauskultur» geführt worden. Unter den sieben Forderungen eines Wahlaufrufs stand an erster Stelle: «Sofortige Streichung sämtlicher Ausgaben für das Bauhaus. [...] Der Abbruch des Bauhauses ist sofort in die Wege zu leiten.» Seit diesem Wahlsieg der NSDAP läutete die Totenglocke über dem Bauhaus. Deren Polemiken gegen Ausländer an der Schule, die angeblich «in überreichlichem Maße aus den Steuergroschen des darbenden Volkes» bezahlt würden, zündeten im Zeichen der Massenarbeitslosigkeit besonders. Unter diesem Druck ließ Mies nach mehrmaligen Verhandlungen zum 15. Dezember 1931 neue Richtlinien beschließen, nach denen die Höhe der Entwurfshonorare von der Bauhausleitung mehr oder weniger willkürlich festgelegt werden konnte und die Gewinnbeteili-

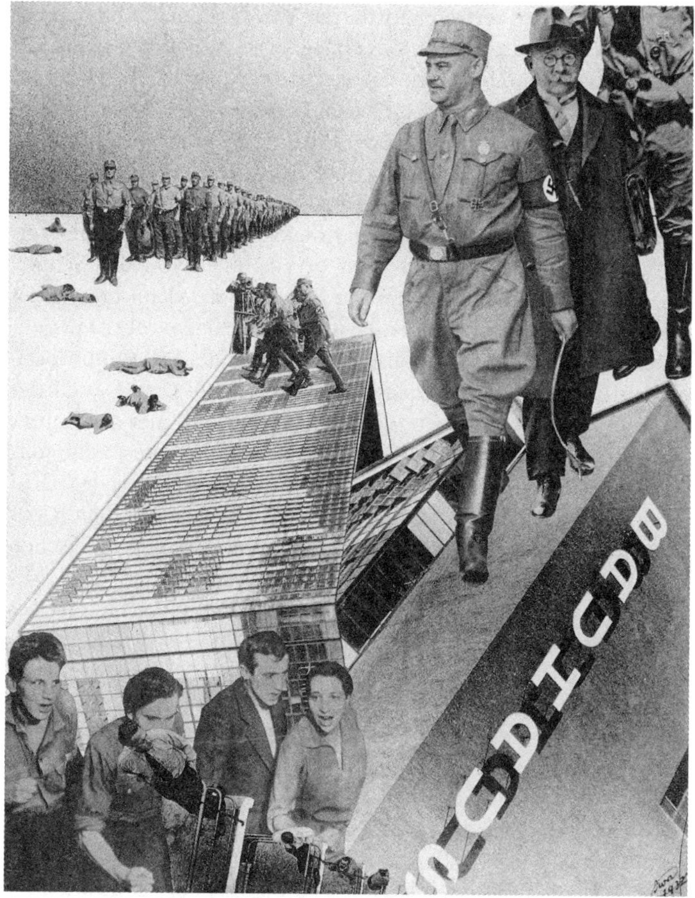

32 – «Der Schlag gegen das Bauhaus», Collage von Iwao Yamawaki, 1932

gungen an Lizenzen der Stadt Dessau, einem Dispositionsfonds des Direktors und nur zu zehn Prozent einem Fonds der Studierendenselbsthilfe zukommen sollten. Dagegen wehrte sich insbesondere die kommunistische Studentenfraktion, denn die Einnahmen gingen doch auf die Arbeit der Studenten zurück.

Die Studierendenvertreter forderten, das Geld den Not Leidenden Studenten zu geben und dafür lieber die Gehälter der Professoren zu kürzen. Der Streit eskalierte und als sich am 19. März 1932 die Studenten in der Bauhauskantine versammelten, um zu diskutieren, verbot Mies die Zusammenkunft mit Hinweis auf die Vertraulichkeit des Themas. Als die Studierenden weiter debattierten, rief Mies die Polizei, ließ die Versammlung auflösen und schloss vorübergehend die Schule. Anschließend verwies er im Disziplinarverfahren drei Schüler von der Schule, darunter die Studentenvertreter, 13 weitere wurden kurz darauf unter dem Vorwand «ungenügender Leistungen» ebenfalls exmittiert. Damit betrieb Mies jedoch nur eine Art Symbolpolitik, um sowohl dem Bürgermeister und der SPD wie auch der NSDAP zu demonstrieren, dass er das Bauhaus aus der Politik heraushalten wolle. Mit derlei Aktionen, darunter auch das gleichzeitige Abonnement der «Frankfurter Zeitung», der «Roten Fahne» und des «Völkischen Beobachters» «um allen Richtungen gerecht zu werden», war das Bauhaus in der politischen Konstellation des Jahres 1932 nicht zu retten.

Schon am 21. Januar 1932 stellte Hofmann in der Sitzung des Gemeinderats den Antrag, das Bauhaus zum 1. April zu schließen und den Abbruch in die Wege zu leiten. Dies wurde zwar noch mit 25 gegen 15 Stimmen abgelehnt, aber der gleichzeitige Antrag des Vertreters der Hausbesitzerpartei, allen am Bauhaus Beschäftigten zum nächstmöglichen Termin zu kündigen, um die frei werdenden Gehälter zur Unterstützung von Arbeitslosen zu verwenden, wurde mit 20 gegen 19 angenommen, die Abstimmung darüber allerdings noch vertagt. Damit war im Grunde bereits das Schicksal des Bauhauses besiegelt, noch im März wurden alle Verträge mit den Bauhaus-Meistern vom Magistrat der Stadt «vorsorglich» zum 1. Oktober 1932 gekündigt. Ein weiterer Schlag kam, als bei den anhaltischen Landtagswahlen am 23. April die rechten Parteien mit 20 Sitzen die absolute Mehrheit erhielten. Nun wurden einige Stellungnahmen von berühmten Persönlichkeiten zum Erhalt des Bauhauses organisiert, die aber letztlich alle unwirksam waren, denn gegen die irrationale Ideologie der Nationalsozialisten wirkten keine Ar-

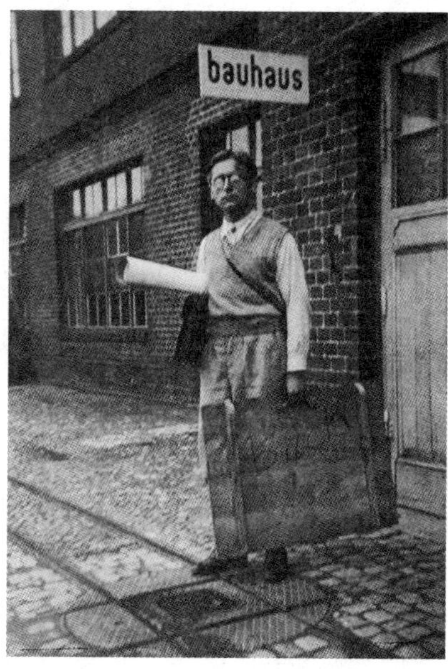

33 – Der Student Ernst L. Beck vor dem Berliner Bauhaus, 1933

gumente. Eine «Vertrauenskundgebung» teilweise konservativer Kulturschaffender von Theodor Fischer bis Heinrich Tessenow, die Mies als einen «vorbildlichen deutschen Baumeister» lobten, half nichts. Der Landeskonservator Ludwig Grote organisierte sogar über Hugo Bruckmann, einen der Münchner Förderer Hitlers, einen Kontakt zur Reichsleitung des Kampfbundes für deutsche Kultur, und dessen Vorsitzender, der NS-Chefideologe Alfred Rosenberg, schrieb daraufhin an den neuen NS-Ministerpräsidenten Freyberg und an Hofmann, sie möchten die Schule, die allerdings umbenannt werden sollte, bestehen lassen. Nun kam es zu einem Besuch der Ausstellung mit Semesterarbeiten des Bauhauses am 8. Juli 1932, zu dem Freyberg den größten Gegner der Moderne, Paul Schultze-Naumburg, der bereits die Wandgestaltungen Schlemmers in Weimar hatte zerstören lassen, als Gutachter hinzuzog. Dieser äußerte sich dementsprechend negativ, und schon am 10. Juli schrieb Hofmann einen Artikel gegen das Bauhaus, das als «eine der markantesten Stätten jüdisch-marxistischen ‹Kunst›-Willens von deutscher Erde verschwinden» müsse (Abb. 32). Vor der entscheidenden Sitzung des Gemeinderats am 22. August 1932 erschienen in der Presse weitere Solidaritätsbekundungen, darunter auch vom Reichskunstwart Edwin Redslob, aber der Antrag der NSDAP zur Schließung der Schule zum 1. Oktober wurde mit 20 gegen 5 Stimmen angenommen. Dagegen stimmten nur die 4 Mitglieder der KPD und Hesse, die SPD enthielt sich der Stimme, da sie um ihre Wähler fürchtete. Sie hätte das Ergebnis zwar nicht verhindern, aber wenigstens Charakter zeigen können, so ließ sie aus wahltaktischem Kalkül, das letztlich nichts brachte, das Bauhaus im Stich.

Da die Schließung gegen die laufenden Verträge verstieß, erreichte Mies, dass die Bezüge der Lehrkräfte bis März 1933 in voller Höhe und bis März 1935 zur Hälfte weiterbezahlt wurden. Außerdem ließ sich Mies von Hesse vertraglich sowohl das Recht am Namen Bauhaus wie auch an den Lizenzverträgen einräumen. Zwar boten mit Leipzig und Magdeburg zwei sozialdemokratisch regierte Städte an, das Bauhaus zu übernehmen, aber Mies hatte sich schon entschlossen, die Schule als Privatinstitut weiterzuführen und dieses aus den Lizenzen in Höhe von etwa 30 000 Mark, der Produktivarbeit in den Werkstätten sowie über erhöhte Studiengebühren zu finanzieren. Im September 1932 mietete er eine leer stehende ehemalige Telefonfabrik an der Birkbuschstraße 55/56 in Berlin-Steglitz und zog im Oktober mit 25 weiblichen und 90 männlichen Studierenden sowie den Lehrern Albers, Engemann (technisches Zeichnen), Hilberseimer, Kandinsky, Peterhans, Reich, Rudelt (Baustatik) und Scheper um (Abb. 33). Alfred Arndt und Joost Schmidt nahm er angeblich aus Kostengründen nicht mit, sodass die Ausbildung in Reklame entfiel. Als Studenten der «kostufra» daraufhin dem «Unternehmer Mies» vorwarfen, er habe sein Wort gebrochen, den gesamten Lehrkörper zu übernehmen, schloss er vier Studierende am 9. Dezember 1932 aus. Als Ziel des 7-semestrigen Studiums am «Bauhaus Berlin» – so sollte die Einrichtung eingetragen werden – definierte er, «Architekten so auszubilden, dass sie das ganze Gebiet, das in die Architektur hineinreicht, beherrschen, vom Kleinwohnungsbau bis zum Städtebau, nicht nur den eigentlichen Bau, sondern auch die gesamte Einrichtung bis hinab zu den Textilien». Das war eine letzte Reminiszenz an die alte Werkbundvorstellung, «vom Sofakissen bis zum Städtebau» die Lebenswelt umfassend zu gestalten, nun aber ganz auf Architektur bezogen.

In den ersten Monaten waren alle damit beschäftigt, das Gebäude herzurichten, der Unterricht begann erst im Januar 1933, und von der Machtübernahme im Staat durch die Nationalsozialisten am 30. des Monats blieb das Bauhaus noch unberührt. Am 18. Februar wurde ein großes Faschingsfest mit Tombola zugunsten des Bauhauses gefeiert, und am 10. April verteidigte Kandinsky sogar noch in einem Brief die NS-Herrschaft gegen ausländische Presseberichte: Gewalttaten seien nur vereinzelt vorgekommen, und die neue Regierung missverstehe nur die moderne Kunst, aber er hoffe, dass die Nationalsozialisten wie die Italiener bald die Moderne als ihre faschistische Kunst anerkennen würden. Einen Tag später besetzten Schutzpolizei und SA-Hilfspolizisten das Berliner Bauhaus, verhafteten 32 Studenten, die sich nicht ausweisen konnten, beschlagnahmten angeblich belastendes Material und versiegelten das Gebäude. Anlass zu dieser Aktion war ein Ersuchen der Staatsanwaltschaft in Dessau, Material gegen Hesse sicherzustellen, gegen den sie auf Betreiben eines Dessauer NS-Gemeinderats einen Prozess wegen Unterstützung des Bauhauses anstrebte. Das Bauhaus war damit zwar noch nicht aufgelöst, aber der Lehrbetrieb war de facto ab 11. April 1933 beendet.

Nach der Schließung begannen Aktivitäten auf verschiedenen Ebenen, um eine Wiederöffnung zu erreichen. Schon einen Tag nach der Razzia ging Mies zu Rosenberg, erläuterte diesem persönlich das Schulprogramm als eine künstlerische Bewältigung der technischen Welt, worauf der Vorsitzende des Kampfbundes zwar den Namen Bauhaus für nicht weiter verwendbar bezeichnete, aber versprach, sich der Angelegenheit anzunehmen. Friedrich Engemann trat in die NSDAP ein, wohl in der Hoffnung, als

Kommissar für das Bauhaus ernannt zu werden. Hierin unterstützten ihn Albers, Kandinsky und Rudelt. Einige Studenten, die mit dem NS-Regime sympathisierten, verfassten einen offenen Brief, in dem sie die Mitarbeit an der künstlerischen Gestaltung des neuen Deutschland zur Pflicht für das Bauhaus erklärten und auf Empfehlung von Lilly Reich um Aufnahme in den Kampfbund für deutsche Kultur ersuchten. In dieser Situation kündigte die Tapetenfirma Rasch am 27. April den Vertrag mit dem Bauhaus, das damit seine wichtigste Einnahmequelle verlor. Am 15. Juni verfügte der Magistrat von Dessau die Einstellung der Gehaltszahlungen an die Meister und berief sich dabei auf das Gesetz zur Wiederherstellung des Berufsbeamtentums, nach dem Beamte entlassen werden konnten, die nicht «rückhaltlos für den nationalen Staat eintreten». Ein Protest von Mies bewirkte nichts. Damit war dem Bauhaus die finanzielle Basis komplett weggebrochen, und so beschloss das Lehrerkollegium am 20. Juli 1933 die endgültige Auflösung des Bauhauses. Da traf am 21. Juli ein Schreiben der Gestapo ein, dass das Bauhaus wiedereröffnet werden könne, wenn Hilberseimer und Kandinsky ausschieden und der Lehrplan nach den «Ansprüchen des neuen Staates für seinen innerlichen Aufbau» abgeändert würde. Im Rückblick erklärte Mies später, er habe von diesen Bedingungen gewusst und deshalb aus freiem Entschluss die Auflösung herbeigeführt. Dem steht allerdings ein Rundschreiben von Mies an alle Studierenden vom 10.8.1933 entgegen, in dem er erklärte, der Auflösungsbeschluss und das Schreiben der Gestapo hätten sich gekreuzt: «Mit diesen Bedingungen wären wir einverstanden gewesen. Die wirtschaftliche Lage läßt es aber nicht zu, das Haus weiterzuführen.» Ob dies nur eine taktische nachträgliche Feststellung war oder ob Mies wirklich die beiden Kollegen entlassen und ein «Deutsches Bauhaus» fortgeführt hätte, ist nicht mehr festzustellen. Im Rückblick muss die Schließung als Glücksfall bezeichnet werden, denn sonst hätte die Schule noch eine Zeit lang unter NS-Flagge dahin vegetiert und sich völlig kompromittiert. So konnte das Bauhaus zum strahlenden Mythos und zur verklärten Idee werden, an der in der Nachkriegszeit immer mehr poliert wurde.

Das Bauhaus wird zur Idee – Ausbreitung und Indienstnahme nach 1933

Mit der Schließung des Bauhauses verlor die Gemeinschaft ihren Ort und Zusammenhalt, sie löste sich auf, und damit zerfiel auch die 14-jährige Geschichte der Schule in individuelle Erinnerungen, die in andere Lebensumstände getragen wurden. Mit der eigenen Entwicklung und dem neuen Umfeld veränderten sich diese Erinnerungen und die Geschichte des Bauhauses wurde im Spiegel von Interessen und Einflüssen konstruiert. Im Gegensatz zu einem später vielfach behaupteten Bruch durch die Machtübernahme der Nationalsozialisten 1933 ist es offenkundig, dass die Bauhaus-Ideen, genauso wie viele andere Bereiche der Moderne, keineswegs resistent gegen die NS-Herrschaft waren. Die Interpretation von moderner Gestaltung als Ausdruck einer demokratischen Haltung und Widerstand gegen totalitäre Regime ist eine Konstruktion aus der Zeit des Kalten Kriegs. Was der Propaganda diente und was den Nationalsozialisten ermöglichte, in einem von ihnen vorgegebenen Rahmen als «modern» und «fortschrittlich» zu erscheinen, wurde dem neuen System angepasst. Insbesondere in den Bereichen Ausstellung, Fotografie, Reklame und funktionale Gestaltung für Technik und Industrie betätigten sich etliche Bauhäusler als «Kollaborateure der Modernität» (Milan Kundera), fortschrittliche Form diente einer reaktionären Ideologie und half damit bei deren Legitimation.

Bereits im April 1934 beteiligten sich die beiden ehemaligen Bauhausdirektoren Gropius und Mies zusammen mit mehreren Meistern und Bauhäuslern an der von der Deutschen Arbeitsfront DAF in Berlin organisierten Propaganda-Ausstellung «Deutsches Volk – Deutsche Arbeit». Herbert Bayer, der inzwischen die Werbeagentur dorland-studio leitete, gestaltete Katalog und Plakat, Mies van der Rohe und Lilly Reich betreuten eigene Abteilungen, ebenso Gropius zusammen mit Joost Schmidt. Einige ehemalige Bauhausstudenten wirkten mit und der Feininger-Schüler Carl Grossberg schuf das Wandbild «Industrielandschaft» mit den monumentalen Ausmaßen von 45 x 12 Meter. Obwohl die verbrecherische Seite des Regimes bereits offenkundig war, glaubten viele Vertreter der Moderne noch daran, dass moderne Kunst und Architektur ähnlich wie im faschistischen Italien zumindest einen Platz im NS-System finden, wenn nicht gar zur Staatskunst aufsteigen könnten. Auch Walter Gropius berief sich gegenüber dem Präsidenten der 1933 eingerichteten Reichskammer der bildenden Künste, Eugen Hönig, mehrfach darauf, dass die Moderne und das Bauhaus keineswegs bolschewistisch oder jüdisch, sondern «deutsch» seien, und deshalb würden deren Werke im Italien Mussolinis auch als «stile tedesco», als «deutscher Stil», bezeichnet. Diese Hoffnung auf Anerkennung und Aufträge, die auch einige expressionistische und neusachliche Künstler teilten, war illusionär, denn die NSDAP hatte jahrelang gegen die moderne Kunst polemisiert und sich damit auch positioniert. Die wenigen anfangs noch vorhandenen kulturellen Freiräume wurden innerhalb kürzester Zeit eliminiert, und nur das, was für die rassistische NS-Ideologie dienstbar gemacht werden konnte, wurde übernommen. Zu dieser Indienstnahme gehörte, dass nahezu alle Bauhäusler, auch Gropius und Mies, Mitglieder der Reichskulturkammer werden konnten, aus der ihre jüdischen Kollegen ausgeschlossen blieben und damit Berufsverbot hatten.

1934 nahm Gropius zusammen mit Rudolf Hillebrecht am Wettbewerb der DAF für «Häuser der Arbeit» teil und präsentierte eine moderne kubische Anlage mit Hakenkreuzfahnen. Im gleichen Jahr setzte Mies seine Unterschrift unter den «Aufruf der Kulturschaffenden» zur Unterstützung Adolf Hitlers, und Oskar Schlemmer beteiligte sich am Wettbewerb zur Ausgestaltung des Kongresssaals im Deutschen Museum mit einem Entwurf, der eine mit Hitlergruß marschierende «Volksgemeinschaft» präsentiert. 1935 entwarf Mies nach offizieller Einladung durch die Reichskulturkammer für die Weltausstellung in

Brüssel einen deutschen Pavillon in der Art des Barcelona-Pavillons, aber geschmückt mit Hakenkreuzen. Formal machte er keine Zugeständnisse, aber die moderne Formensprache ließ sich für ihn anscheinend problemlos auch für die Repräsentation des NS-Systems anwenden. Ähnlich gestaltete Herbert Bayer nach Art der Bauhausreklame nicht nur zahlreiche Titelblätter der propagandistisch vermarkteten Illustrierten «die neue linie», sondern auch den Katalog der rassistischen Ausstellung «Wunder des Lebens», mit der auf die Euthanasie vorbereitet wurde. Die Mitwirkung von Bauhäuslern an der Gestaltung unterschiedlichster Aufgaben zieht sich durch die gesamte NS-Zeit von der Tätigkeit als Kriegsmaler und dem Weben von Teppichen in einer Ordensburg über Design für KdF-Kantinen und rassistische Propagandafotografie bis zum Bau von Industrie- und Rüstungsanlagen. Im großen Architekturbüro von Herbert Rimpl, der für die «Reichswerke Hermann Göring» Hunderte Fabriken und Siedlungen plante, fand etwa ein Dutzend Bauhäusler Arbeit.

Die Mehrzahl der in Deutschland verbliebenen Bauhäusler passte sich dem NS-System an, manche biederten sich an, einige machten Karriere. Der Bauhausmeister Hinnerk Scheper erhielt sogar den Auftrag zur Ausmalung von Görings Carinhall und Alfred Arndt eine Propagandaleitung. Als Walter Gropius, der Deutschland 1934 verließ, 1935 an ehemalige Studierende schrieb, um Arbeiten für eine Publikation zu erhalten, antwortete ihm Ernst Göhl, die Bauhäusler stünden im Existenzkampf und hätten höchstens ein Restchen alter Ideale in ganz persönliche Gebiete retten können, was sie wirklich tun, «wäre interessant zu wissen, aber vielleicht nicht schön anzuhören». Wer mit funktionaler Gestaltung keine sozialen und humanen Ziele verknüpfte, konnte das am Bauhaus Gelernte auch für verbrecherische Zwecke einsetzen, wie Fritz Ertl, der nach dem Architekturstudium bei Meyer und Mies zur SS ging, als stellvertretender Leiter des Planungsstabs für Auschwitz die seriell produzierten KZ-Baracken entwarf, die jeweils über 700 Personen fassten, und der dann auch noch für die Funktionsabläufe der Gaskammern und Krematorien zuständig war. In diesen Gaskammern des Vernichtungslagers wurden 1944 die jüdischen Bauhäuslerinnen Susanne Bánki, Otti Berger, Friedl Dicker, Lotte Mentzel und Hedwig Slutzki ermordet. Sie gehören zu den mehr als 60 ehemaligen Studierenden, die das NS-Regime als Kommunisten oder Juden verfolgte, verhaftete und in Konzentrationslager bringen ließ und von denen mindestens 15 umgebracht wurden. Deutlicher könnte sich nicht zeigen, dass allein die Zugehörigkeit zum Bauhaus keinerlei Wertmaßstab liefert. Eine fast tragisch-groteske Form fand dieser Zusammenhang von Bauhaus und Verbrechen in der Arbeit des kommunistischen Bauhäuslers Franz Ehrlich, der als KZ-Häftling den Auftrag erhielt, den Schriftzug «Jedem das Seine» für das Eingangstor von Buchenwald zu gestalten. Die Buchstaben erinnern an die von Joost Schmidt 1926 entwickelte schmale Groteskschrift, bewusst oder unbewusst manifestierte sich etwas von der Bauhauslehre im Konzentrationslager. Ob die Wahl der Schrift eine Form von Selbstbehauptung vermitteln oder gar eine subversive Wirkung entfalten konnte, ist nicht mehr festzustellen.

Während die Masse der Bauhäusler in Deutschland blieb und sich in der NS-Zeit nicht anders verhielt als die meisten Deutschen, versuchten zahlreiche kommunistische und jüdische Studierende in der Sowjetunion beziehungsweise in Palästina Arbeit oder eine neue Heimat zu finden. Hinnerk Scheper hatte bereits 1928/29 ein Jahr in der Sowjetunion gearbeitet und Farborientierungspläne für das Vorzeigeprojekt Narkomfin, ein großes Kommunehaus in Moskau entwickelt. Um 1930 kamen zusammen mit dem Frankfurter Stadtbaurat Ernst May und dem entlassenen Bauhausdirektor Hannes Meyer mehrere Gruppen junger Architekten, darunter 40 Bauhäusler in die Sowjetunion, um dort am Aufbau des Landes mitzuwirken. Meyers «rote Bauhausbrigade» umfasste sieben Studierende, die zuerst am Wettbewerb für den Palast der Sowjets teilnahmen und dann wie die übrigen «Gäste» für Bauplanungen über das Land verstreut wurden und als Fachleute ihr Wissen in großen Planungsbüros oder an Schulen weitergaben. Als Stalin Mitte der 1930er-Jahre den sozialistischen Realismus durchsetzen ließ und die ausländischen Fachleute wieder aus dem Land schickte, gingen zehn Bauhäusler ins NS-Reich zurück. Jüdischen Deutschen und Hitlergegnern war dieser Weg verwehrt. Sofern sie nicht in andere Länder weiterzogen, wurden sie russische Staatsbürger, blieben aber trotzdem als Fremde im Visier des NKWD. Im Zuge der großen «Säuberungswellen» wurden sie verhaftet und elf von ihnen umgebracht. Einige wenige überlebten und blieben im Land, darunter Philipp Tolziner, der nach vielen Jahren im Gulag in Perm am Ural als Denkmalpfleger arbeitete. Die moderne Architektur hinterließ bis nach Sibirien Spuren, von einer spezifischen Wirkung des Bauhauses kann aber nicht gesprochen werden.

Ganz anders liegt der Fall bei den 25 jüdischen Bauhäuslern, die in das britische Mandatsgebiet Palästina gingen. Für die wachsende Zahl jüdischer Siedler, die im Zuge der zionistischen Bewegung nach Palästina kamen, entstand mit Tel Aviv seit 1909 eine eigene «jüdische Stadt». Dieser verliehen Architekten, die aufgrund der politischen und rassistischen Repressionen vermehrt Europa verließen, seit Ende der 1920er-Jahre ein modernes Gepräge. Bis zum Zweiten Weltkrieg wurde mit der «Weißen Stadt» das weltweit größte Ensemble moderner Architektur errichtet, in dem charakteristische Formelemente vieler europäischer Avantgardearchitekten, von Mendelsohn bis Taut und von Le Corbusier bis Oud, kreativ gemischt und für das mediterrane Klima adaptiert wurden. Der 1927 im Zuge der Ausstellung am Weißenhof proklamierte «Sieg des neuen Baustils» manifestierte sich als Ausdruck einer völkerübergreifenden internationalen Architektur in Palästina, anfangs allerdings noch ohne einen besonderen Bezug zum Bauhaus, an dem ohnehin keine charakteristische Architektursprache in den wenigen Jahren einer Architektenausbildung entwickelt worden war. Die Moderne war die Architektur der «Jeckes», wie die aus Mitteleuropa immigrierten Juden genannt wurden. Dies änderte sich, als Arieh Sharon, der bei Hannes Meyer gelernt und den Bau der ADGB Bundesschule betreut hatte, 1948 von David Ben-Gurion den Auftrag erhielt, eine Planungsbehörde für den soeben ausgerufenen neuen Staat Israel aufzubauen und einen Masterplan für das ganze Land zu erarbeiten. Mit einem Team von 80 Architekten, Ingenieuren, Ökonomen, Soziologen und Stadtplanern entwickelte Sharon eine komplette Infrastruktur-, Siedlungs- und Freiflächenplanung für ganz Israel, in deren Rahmen sich der Staat in den nächsten Jahrzehnten entfaltete. Mit dem «Sharon Plan» wurde die internationale weiße Moderne zur neuen Heimat für Juden aus aller Welt, die ihr historisch gewachsenes Umfeld und ihre Geschichte verloren hatten (Abb. 34). Sie identifizierten sich mit der Moderne, die bald einfach nur noch Bauhaus-Architektur genannt wurde, nicht zuletzt wegen Sharon, der dann auch noch 1976 mit der Publikation «Kibbutz + Bauhaus. An Architect's Way in a New Land» schon im Titel die israelische Gesellschaft mit der Reformschule verknüpfte. Zwar sind die Kibuzzim bestenfalls im übertragenen Sinn eine Verwirklichung der Ideale Hannes Meyers von Internationalität und Kollektiv, und die weiße Moderne Israels ist vorrangig Zeichen einer Verschmelzung verschiedener Avantgarderichtungen, aber die Verknüpfung mit dem Bauhaus hat sich semantisch etabliert. Als 2004, das etwa 4000 Bauten umfassende Ensemble moderner Architektur in Tel Aviv zum UNESCO-Weltkulturerbe erklärt wurde, feierte die ganze Stadt die touristisch lukrative Nobilitierung ihrer «Bauhaus-Architecture». Ehemalige Schüler brachten Bauhausideen bis nach Argentinien oder Japan, aber nirgendwo sonst außerhalb Deutschlands erhielt der Name eine derartige Anerkennung und Bedeutung.

Ein Zentrum der Emigration beziehungsweise des Exils von Bauhäuslern wurde die Neue Welt. Neben den circa 20 US-amerikanischen Bauhäuslern, die in ihre Heimat zurückkehrten, ließen sich etwa 30 ehemalige Lehrer und Studierende nach 1933 in den USA nieder, einige kamen zu Erfolg und Ansehen, die Mehrzahl trat nicht weiter hervor. Hilfreich für den Transfer war es, dass sich in den USA seit Ende der 1920er-Jahre einige Mäzene und Kulturschaffende bemühten, europäische Avantgardekultur bekannt zu machen, nicht zuletzt, um das Land für neue Kunstentwicklungen zu öffnen. Als 1929 in New York das Museum of Modern Art eröffnet wurde, das fortan als Agent für die moderne Kunst in den USA wirkte, wurde Alfred Barr jr.,

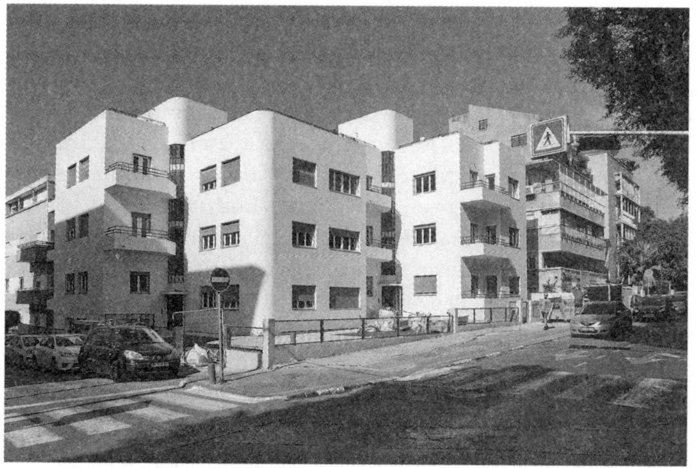

34 – Saniertes Bauhaus-Gebäude in Tel Aviv, um 2017

der 1927 das Bauhaus besucht und von dort den Impuls mitgenommen hatte, in den USA einen Ort der Verbreitung der Moderne zu schaffen, erster Direktor. Schon 1932 initiierte er die Ausstellung «Modern Architecture – International Exhibition», die bereits im Titel Bezug nahm auf den von Gropius seit 1923 propagierten Internationalismus. Die Schau kuratierten Philip Johnson, der ebenfalls das Bauhaus besucht hatte, und der Architekturhistoriker Henry-Russell Hitchcock, die beide auch die begleitende Publikation «International Style: Architecture since 1922» verfassten. Der Titel signalisierte, dass im Neuen Bauen Europas ein Stil, also ein formales Element und keine wie auch immer geartete soziale Erneuerungsbewegung gesehen wurde. Über Barr verlief dann die erste Übersiedelung eines Bauhausmeisters in die USA – ein Startsignal zur Verlagerung von Bauhausideen. Im Juni 1933, als das Bauhaus in Berlin bereits geschlossen war, wandte sich Josef Albers an Barr mit der Bitte um Hilfe bei einer Anstellung, und dieser vermittelte ihn als Leiter des «Department of Creative Art» an das Black Mountain College in North Carolina. An dem privat finanzierten College sollten Studenten auf der Basis der Lehren John Deweys vom «Learning by doing» zu demokratischer Bildung und Kreativität angeleitet werden. Albers adaptierte seine Vorkurslehre und versuchte, die angehenden Künstler ohne Theorie und ohne irgendeinen Bezug zu historischen Vorbildern zum selbstständigen Experimentieren mit Materialien und Farben anzuleiten. Seine Frau Anni unterrichtete einen Webkurs, und 1936–1938 betrieb Xanti Schawinsky dort ein experimentelles Theater. Auch wenn Albers das College nicht als neues Bauhaus sah, so erklärte er doch immer wieder, er würde nach der Bauhausmethode unterrichten. Da er als Lehrer Anerkennung fand und die Schule viele Besucher anzog, half das Black Mountain College dabei, Bauhausideen insbesondere in den Kunstschulen der USA zu verbreiten.

Der entscheidende Schub zur Verlagerung von Bauhausideen in die USA erfolgte mit der Berufung von Walter Gropius als Professor an der Graduate School of Design der Harvard University im April 1937. Der Dekan der Architekturfakultät, Joseph Hudnut, holte Gropius aus England, wo dieser seit Mitte 1934 relativ erfolglos wirkte, nach Harvard, mit dem erklärten Ziel, er solle die Moderne an diese Eliteschule bringen und somit sowohl der Architektenausbildung wie der Architekturentwicklung in den USA eine neue Richtung geben. So wie sich in Europa das Bauen vom Historismus, von den historischen Stilen gelöst hatte, so sollte in den USA die dort überall noch dominante Beaux-Arts-Schule durch den «International Style» abgelöst werden. Nach Hudnuts Auffassung sollten die USA den Internationalismus des neuen Bauens, das als eine rein pragmatische Gestaltung nach funktionalen und ökonomischen Gesichtspunkten verstanden wurde, übernehmen, das Bauen damit erneuern und sich an die Spitze einer neuen, globalen Architekturbewegung stellen. Gropius nutzte diese Gelegenheit und seine Position in Harvard, um zum einen die Bauhausideen als Erziehungsformen zu kreativer Gestaltung zu propagieren und um zum anderen das Bauhaus und seine Leistung als überlegen herauszustellen. Obwohl in den USA seit Jahrzehnten Frank Lloyd Wright wirkte, von dem Gropius selbst viel gelernt hatte, und obwohl dort Richard Neutra und Rudolph Schindler seit den 1920er-Jahren die moderne Architektur verbreitet und Nachfolge gefunden hatten, trat er mit geradezu missionarischem Selbstbewusstsein auf, äußerte sich herablassend über den Stand der Architektur in den USA und versuchte «sein» Bauhaus als Vorbild zu etablieren.

Über Hudnut erreichte Gropius, dass Marcel Breuer eine Professur in Harvard erhielt, Moholy-Nagy half er, in Chicago 1937 eine Designschule, das «new bauhaus» (seit 1944 «Institute of Design») zu gründen, und für die Gestaltung der Bauhausausstellung am Museum of Modern Art in New York holte er Herbert Bayer in die USA. Mies van der Rohe, der seit 1938 die Architekturabteilung des Armour Institute in Chicago leitete, wollte an der von Gropius geplanten Ausstellung nicht teilnehmen. Da dieser nicht vorhatte, Hannes Meyer einzubeziehen, erhielt die Ausstellung den Titel «Bauhaus 1919–1928». Die im Dezember 1938 im New Yorker Rockefeller Center, der zwischenzeitlichen Unterkunft des Museum of Modern Art, eröffnete Schau wurde somit zu einer reinen Demonstration des Gropius-Bauhauses. Die Überheblichkeit, mit der das Bauhaus als Gipfel des Fortschritts präsentiert wurde, führte zu heftigen Gegenreaktionen bei Architekten und Künstlern. Selbst Barr schrieb Gropius, die Unterschätzung amerikanischer Kultur sei peinlich, was als Neuheit vorgestellt würde, sei seit einem Vierteljahrhundert in den USA bekannt, und er nannte die Ausstellung ein Desaster. Gropius blieb zwar bis ans Lebensende bei seiner Glorifizierung des Bauhauses, aber in der Folge versuchte er immer mehr, das Bauhaus aus nationalen und historischen Zusammenhängen zu lösen. Es sei eine überzeitlich gültige Idee, «die sich entsprechend den wechselnden Lebensbedingungen wandeln kann, also weder an Zeit, Ort oder Nation gebunden ist». Diese Mythisierung war nicht zuletzt im Zuge der politischen Entwicklung hilfreich, denn somit konnte das Bauhaus aus dem deutschen Kontext herausgenommen und als eine Art ideeller Konstante einem Internationalismus und Pragmatismus amerikanischer Prägung zugrunde gelegt werden. Die Transformation in eine scheinbar zeitlos gültige Idee funktionierte am besten mit dem ahistorischen Konzept des Vorkurses, das insbesondere von Moholy-Nagy und seinen Nachfolgern am «Institute of Design» in Chicago als «Creative Design» und «Vision in Motion» weiterentwickelt und dann als Erziehung zur Kreativität weltweit an Kunst- und Architekturschulen adaptiert wurde. Hierin liegt bis heute die größte Wirkung und die wichtigste Form des Nachlebens des Bauhauses.

In den USA gelang es Gropius, sich gezielt und systematisch als «Mr. Bauhaus» zu etablieren und dann in der Nachkriegszeit die Geschichte seiner Schule zu kanonisieren. Da sich Mies van der Rohe ausschließlich über seine eigene Architektur definierte und später sogar erklärte, er habe nichts mit dem Bauhaus zu tun, überließ er Gropius, den er als maßlos überschätzt bezeichnete, weitgehend die Rolle des Bauhaus-Propagandisten, obwohl am Armour Institute, das 1940 Teil des Illinois Institute of Technology IIT wurde, mit Hilberseimer und Peterhans zwei Bauhauslehrer wirkten und der einführende Kurs «visual training» auf dem Vorkurs basierte. Gropius unterstützte gezielt die ehemaligen Bauhäusler und baute über seine einflussreiche Position ein Netzwerk auf, das auf ihn zugeschnitten war und mit dem er versuchte, die Rezeption des Bauhauses in seinem Sinne zu steuern und zu kontrollieren. Obwohl sich die ehemaligen Kollegen, je mehr sie sich selbst profilierten und Erfolg hatten, allmählich untereinander und auch mit Gropius zerstritten und ihre eigenen Leistungen herausstellten, behielt dieser die Deutungshoheit. Zum einen, da er in der Nachkriegszeit die Rolle eines Kulturbotschafters der «freien Welt» übernahm und erfolgreich sein Bauhaus als überzeitliche Idee zu einer international gültigen Gestaltung der Lebenswelt und zur Entfaltung kreativer Kräfte propagierte, und zum anderen, da unter seiner Mitwirkung Kunsthistoriker wie Nikolaus Pevsner, Alexander Dorner und Sigfried Giedion für das Bauhaus eine eigene Tradition erfanden und damit eine Gegengeschichte zum angeblich rückwärts gewandten Historismus konstruierten. Den Sieg des Bauhauses über die Beaux-Arts-Schule bezeichnete Gropius bis an sein Lebensende als seine größte Leistung. Dies sollte sich allerdings nach seinem Tod als Irrtum herausstellen.

Während das Bauhaus in der Weimarer Republik keineswegs eine herausragende kulturelle Rolle gespielt hatte, avancierte es nach 1945 im Kalten Krieg in der Bundesrepublik zum Symbol und Inbegriff eines besseren Deutschland, das vom NS-Regime unterdrückt und ins Exil gezwungen wurde und das nun über die USA siegreich als Botschafter und Helfer beim demokratischen Aufbau zurückkehrte. Der Erfolg der beiden Bauhausdirektoren Gropius und Mies in den USA konnte somit auch national vereinnahmt und gleichzeitig das Bauhaus als Symbol für das transatlantische Bündnis zwischen den USA und der BRD gefeiert werden. Der Versuch des Bauhäuslers Max Bill, zusammen mit Otl Aicher und Inge Scholl Bauhausideen in Ulm wiederaufleben zu lassen, wurde zwar von Gropius gestützt und vom alliierten Hochkommissar John J. McCloy mit einer Millionenspende gefördert, aber die 1953 eröffnete Einrichtung erhielt dann doch nicht den Namen «bauhaus ulm», sondern «Hochschule für Gestaltung», denn Bill wollte sich vom historischen Bauhaus abgrenzen. Unter einem Direktorenkollegium bezog sich die Schule ab 1955 mehr auf das Meyer-Bauhaus und konnte sich – bis zur zwangsweisen, politisch motivierten Schließung 1968 – erfolgreich mit dem Schwerpunkt Produkt-Design sowie einer Verwissenschaftlichung der Ausbildung profilieren.

Versuche in Dessau, nach Kriegsende wieder an das historische Bauhaus anzuknüpfen, scheiterten schnell an den sowjetischen Behörden. Der Kalte Krieg teilte auch die Kultur, und in diesem Zusammenhang wurde das Bauhaus im Westen als Repräsentant von liberaler Internationalität und universal gültiger Funktionalität in Dienst genommen. Als Ideengeber für den International Style und funktionales Produktdesign gehörte das Bauhaus zum kulturellen Ausdruck des «freien» Westens und diente dann auch propagandistisch als demokratisches Gegenstück zum sozialistischen Realismus und der verordneten «nationalen Bautradition» in der DDR. Dort galt dementsprechend das Bauhaus als Produkt des amerikanischen Kosmopolitismus. 1951 erklärte Walter Ulbricht, das Bauhaus sei eine «Waffe des Imperialismus» und der Bauhausstil eine «volksfeindliche Erscheinung», seine «formalistischen Tendenzen» gingen «an den wahren Bedürfnissen der Werktätigen» vorbei.

Mit der Indienstnahme des zu einer ahistorischen Idee ausgedünnten Bauhauses für einen «International Style», mit dem im Kalten Krieg ein globaler Anspruch verknüpft und eine Gegenposition zur Kultur im Ostblock aufgebaut werden konnte, stieg das Renommee der Schule wie auch von Gropius in den 1950er-Jahren. In den USA galt das Bauhaus als Vorläufer des neuen, weltweit siegreichen Architekturstils, und in der BRD konnten sich die Architekten und Designer unter dem Schutzmantel der Internationalität vor der heimischen NS-Geschichte verstecken und sich in die westliche Gemeinschaft integrieren. In dieser Atmosphäre der Kultur des Kalten Kriegs wurde Gropius in der Bundesrepublik mit Ehrungen überhäuft und geradezu hymnisch gefeiert. Da das Bauhaus in der Goethestadt Weimar gegründet worden war, kam es sogar zu Parallelisierungen des Dichterfürsten und des Architekten. Eine Infragestellung des Bauhauses durch den Architekten Rudolf Schwarz 1953 und Kritik des ehemaligen Berliner Stadtbaurats und Harvard-Kollegen Martin Wagner hatten in diesem Klima keine Chance. Als besonders folgenreich für die Förderung des nun etablierten Bauhaus-Mythos sollte sich die Gründung einer eigenen Archiv- und Dokumentationsstätte herausstellen, die der junge Kunsthistoriker Hans M. Wingler in Absprache mit Gropius aufbaute, der auch mithalf, die Dokumente der Bauhäusler zu sammeln, die dann in das 1961 neu gegründete Bauhaus-Archiv in Darmstadt kamen. Schon die erste Ausstellung 1963 galt Gropius, der von Wingler zu den «säkularen Erscheinungen» erhoben wurde, «die unsere Begriffe von der gestalteten menschlichen Umwelt revidiert und neue Normen des Schönen geschaffen haben». Die Fixierung auf das Gropius-Bauhaus und die Mythisierung der Schule setzte sich mit einer großen Retrospektive 1968 in Stuttgart fort, und als das Bauhaus-Archiv 1979 einen Neubau in Berlin beziehen konnte, wurde in den folgenden Jahrzehnten mit den üppigen Berliner Kulturmitteln alles, was mit der Schule zu tun hatte, und fast jeder, der dort einmal weilte, zumindest positivistisch gewürdigt und damit der Ruhm kontinuierlich verbreitert und verfestigt.

Während sich der Glanz des Bauhauses und seiner Lehrer und Schüler in der Bundesrepublik mehrte und ab Mitte der 1970er-Jahre auch die DDR, die das Bauhausgebäude in Dessau im Zuge einer Neubesinnung auf ihr «Erbe» restaurieren und eigene Sammlungen anlegen ließ, daran partizipierte, veränderte sich die Stimmung in den USA seit den 1960er-Jahren drastisch. Die Ort- und Geschichtslosigkeit des International Style wurden zunehmend kritisiert und für die Verödung der Städte und eine seelenlose Umwelt verantwortlich gemacht. Die Kritik traf sowohl Gropius, dessen PanAm-Building in New York auf erbitterte Ablehnung stieß, wie auch Mies van der Rohe, dessen Architekturmotto «less is more» von Robert Venturi als «less is a bore» veralbert wurde. Eine Gestaltung rein nach funktionalen Gesichtspunkten ohne Bezug zum Ort, zu Geschichte und Tradition wurde als stummes, kaltes Design abgelehnt. Nun rächte es sich, dass das Bauhaus, an dem historische Bezüge immer radikal abgelehnt worden waren, nur noch als Exponent funktionaler, letztlich aber nach ökonomischen Gesichtspunkten determinierter Gestaltung vereinnahmt worden war. Kritik an diesem Funktionalismus, der den Menschen auf eine eindimensionale Zweckerfüllung, auf Wesen ohne Gefühl und Geschichte reduzierte, wurde auch in Deutschland beispielsweise von Ernst Bloch und Theodor W. Adorno schon in den 1960er-Jahren geäußert, aber in den USA entstand mit der sogenannten Postmoderne eine ganze Bewegung, die sich im direkten Gegensatz zur «klassischen» Moderne und damit auch zum Bauhaus definierte. Unter dem Motto «Not just function but fiction» wurden regionale Bezüge und nationale Traditionen wiederentdeckt, die Beaux-Arts-Schule erhielt neue Geltung und im Gegenzug verlor das Bauhaus an Bedeutung. Die Postmoderne stieß eine kritische Reflexion der «klassischen Moderne» an, deren Grundlagen, Ideale und Utopien sich teilweise im Zuge globaler politischer und ökonomischer Entwicklungen aufgelöst oder verändert hatten. In diesem Zusammenhang muss das Bauhaus 100 Jahre nach seiner Gründung entmythisiert und historisch eingeordnet werden.

Ausgewählte Literatur

Gesamtdarstellungen, Handbücher

Hans M. Wingler, Das Bauhaus: 1919–1933. Weimar Dessau Berlin und die Nachfolge in Chicago seit 1937, Bramsche ^{3}1975

Magdalena Droste, Bauhaus 1919–1933, Köln 1990

Rainer K. Wick, Bauhaus. Kunst und Pädagogik, Oberhausen 2009

Sebastian Neurauter, Das Bauhaus und die Verwertungsrechte. Eine Untersuchung zur Praxis der Rechteverwertung am Bauhaus 1919–1933, Tübingen 2013

Bauhaus Weimar

Karl Heinz Hüter, Das Bauhaus in Weimar. Studie zur gesellschaftspolitischen Geschichte einer deutschen Kunstschule, Berlin ^{2}1976

Volker Wahl (Hg.), Das Staatliche Bauhaus in Weimar. Dokumente zur Geschichte des Instituts 1919–1926, Köln Weimar Wien 2009

Hellmut Th. Seemann und Thorsten Valk (Hg.), Klassik und Avantgarde. Das Bauhaus in Weimar 1919–1925, Göttingen 2009

Bauhaus Berlin

Peter Hahn (Hg.), bauhaus berlin, Weingarten 1985

Die Direktoren und Meister

Winfried Nerdinger, Der Architekt Walter Gropius, Berlin ^{2}1996 (Werkverzeichnis)

Winfried Nerdinger, Walter Gropius. Architekt der Moderne, München 2019

Bauhaus-Archiv Berlin (Hg.), Hannes Meyer 1889–1954

Detlef Mertins, Mies, London 2014

Bauhaus-Archiv Berlin (Hg.), Das frühe Bauhaus und Johannes Itten, Ostfildern 1994

Zu den Werkstätten

Klaus Weber (Hg.), Keramik und Bauhaus, Berlin 1989

Jeannine Fiedler (Hg.), Fotografie am Bauhaus, Berlin 1990

Klaus Weber (Hg.), Die Metallwerkstätten am Bauhaus, Berlin 1992

Ute Brüning (Hg.), Das A und O des Bauhauses. Bauhauswerbung: Schriftbilder, Drucksachen, Ausstellungsdesign, Berlin 1995

Magdalena Droste und Manfred Ludewig (Hg.), Das Bauhaus webt. Die Textilwerkstatt am Bauhaus, Berlin 1998

Klaus Weber (Hg.), Punkt Linie Fläche. Druckgraphik am Bauhaus, Berlin 1999

Nachleben

Winfried Nerdinger (Hg.), Bauhaus-Moderne im Nationalsozialismus. Zwischen Anbiederung und Verfolgung, München 1993

Gabriele Diana Grawe, Call for Action. Mitglieder des Bauhauses in Nordamerika, Weimar 2002

Anja Baumhoff und Magdalena Droste (Hg.), Mythos Bauhaus. Zwischen Selbsterfindung und Enthistorisierung, Berlin 2009

Bauhaus-Archiv Berlin (Hg.), bauhaus global, Berlin 2010

Personenregister

C.H.BECK WISSEN

GESAMTVERZEICHNIS

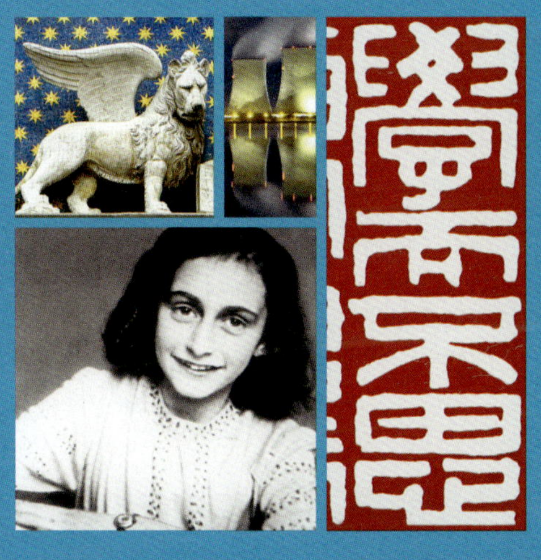

INHALT

Die Bände haben jeweils einen Umfang von rund 128 Seiten und sind teilweise bebildert und mit Karten versehen.
Sie kosten
€ 8,95[D] | € 9,20[A] oder
€ 9,95[D] | € 10,30[A] oder
€ 12,–[D] | € 12,40[A]
Innerhalb der Kapitel sind die Titel nach Themen sortiert.

GESCHICHTE – EPOCHENÜBERGREIFEND

Udo Sautter
Die 101 wichtigsten Personen der Weltgeschichte
(bw 2193)

Klaus-Jürgen Matz
Die 1000 wichtigsten Daten der Weltgeschichte
(bw 2148)

Gerhard Leitner
Die Aborigines Australiens
(bw 2389)

Walter Demel
Sylvia Schraut
Der deutsche Adel
(bw 2832)

Walter Demel
Der europäische Adel
(bw 2379)

Claus Priesner
Geschichte der Alchemie
(bw 2718)

Hansjörg Küster
Die Alpen
(bw 2909)

Harald Kleinschmidt
Die Angelsachsen
(bw 2728)

Werner Bergmann
Geschichte des Antisemitismus
(bw 2187)

Heinz Halm
Die Araber
(bw 2343)

Hanns J. Prem
Die Azteken
(bw 2035)

Edgar Hösch
Geschichte des Balkans
(bw 2356)

Andreas Müller
Berg Athos
(bw 2351)

Franz Meußdoerffer
Martin Zarnkow
Das Bier
(bw 2792)

NEU
Helmut Hilz
Geschichte des Buches
(bw 2937)

Andreas Fahrmeir
Deutsche Geschichte
(bw 2875)

Jürgen Sarnowsky
Der Deutsche Orden
(bw 2428)

Volker Reinhardt
Geschichte von Florenz
(bw 2773)

te Gerhard
rauenbewegung
nd Feminismus
w 2463)

ernd-Stefan Grewe
old
w 2889)

latthias Egeler
er heilige Gral
w 2896)

rank-Lothar Kroll
ie Hohenzollern
w 2426)

erthold Riese
ie Inka
w 2867)

laus Kreiser
eschichte Istanbuls
bw 2481)

ürgen Sarnowsky
ie Johanniter
bw 2737)

urt Schubert
üdische Geschichte
bw 2018)

ürgen Kocka
eschichte des
apitalismus
bw 2783)

hristoph Nonn
as Deutsche
aiserreich
bw 2870)

NEU
Franz Mauelshagen
Geschichte des
Klimas
(bw 2942)

Andreas Kappeler
Die Kosaken
(bw 2768)

Stefan Rinke
Geschichte
Lateinamerikas
(bw 2703)

Berthold Riese
Machu Picchu
(bw 2341)

Berthold Riese
Die Maya
(bw 2026)

Dirk Hoerder
Geschichte
der deutschen
Migration
(bw 2494)

Jochen Oltmer
Globale Migration
(bw 2761)

Karénina
Kollmar-Paulenz
Die Mongolen
(bw 2730)

Bernd Kluge
Münzen
(bw 2861)

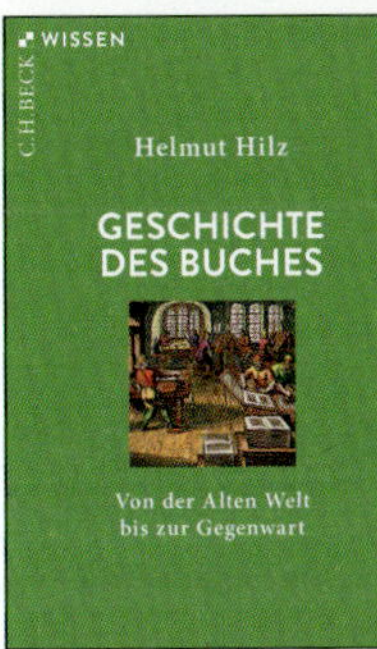

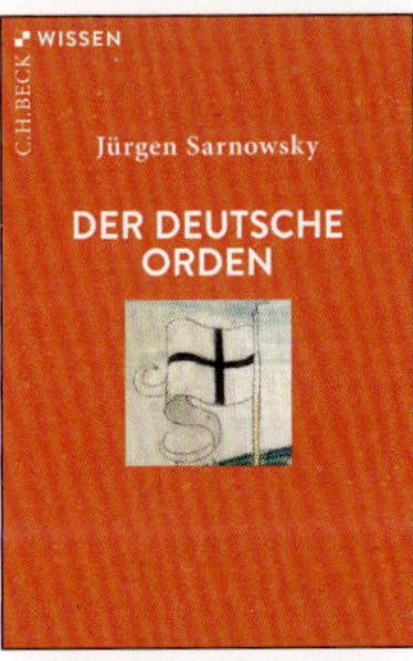

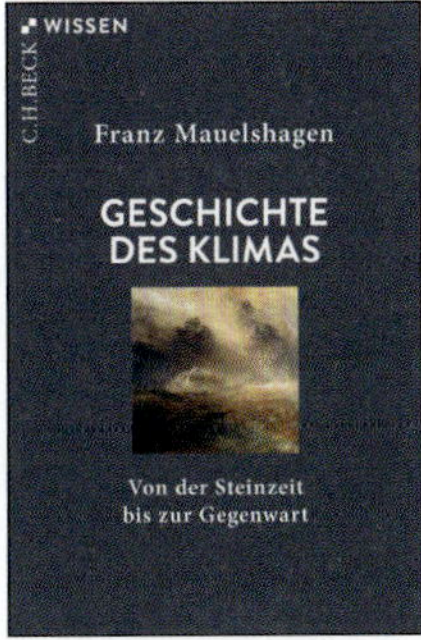

Hans-Ulrich Wehler
Nationalismus
(bw 2169)

Thomas W. Gaethgens
Notre-Dame
(bw 2913)

Sabine Doering-Manteuffel
Okkultismus
(bw 2713)

Suraiya Faroqhi
Geschichte des Osmanischen Reiches
(bw 2021)

Winfried Böhm
Geschichte der Pädagogik
(bw 2353)

Klaus Bergdolt
Die Pest
(bw 2411)

Robert Bohn
Die Piraten
(bw 2327)

Christian Geulen
Geschichte des Rassismus
(bw 2424)

Mathias Rohe
Das islamische Recht
(bw 2777)

Ulrich Manthe
Geschichte des Römischen Rechts
(bw 2132)

Volker Reinhardt
Geschichte Roms
(bw 2325)

Daniel-Erasmus Khan
Das Rote Kreuz
(bw 2757)

Wolfgang Schwentker
Die Samurai
(bw 2188)

Christian Mann
Schach
(bw 2899)

Franz-Michael Konrad
Geschichte der Schule
(bw 2406)

Robert Bohn
Geschichte der Seefahrt
(bw 2722)

Thomas Höllmann
Die Seidenstraße
(bw 2354)

Karola Fings
Sinti und Roma
(bw 2707)

Andreas Eckert
Geschichte der Sklaverei
(bw 2920)

Eduard Mühle
Die Slawen
(bw 2872)

Peter Rohrsen
Der Tee
(bw 2790)

Stefan Fisch
Geschichte der europäischen Universität
(bw 2702)

NEU
Arne Karsten
Geschichte Venedigs
(bw 2756)

Hansjörg Küster
Der Wald
(bw 2891)

Daniel Deckers
Wein
(bw 2793)

Thomas Vogtherr
Die Welfen
(bw 2830)

John C. G. Röhl
Wilhelm II.
(bw 2787)

Peter Alter
Die Windsors
(bw 2461)

Ernst Peter Fischer
Das wichtigste Wissen
(bw 2910)

Hans-Michael Körner
Die Wittelsbacher
(bw 2458)

Harald Haarmann
Weltgeschichte der Zahlen
(bw 2450)

Thomas Vogtherr
Zeitrechnung
(bw 2163)

Michael Brenner
Geschichte des Zionismus
(bw 2184)

ALTE GESCHICHTE

Hans-Joachim Gehrke
Alexander der Große
(bw 2043)

NEU
Eva Cancik-Kirschbaum
Die Assyrer
(bw 2328)

Ulrich Sinn
Athen
(bw 2336)

Peter Funke
Athen in klassischer Zeit
(bw 2074)

Angela Pabst
Die athenische Demokratie
(bw 2308)

Werner Eck
Augustus und seine Zeit
(bw 2084)

Michael Jursa
Die Babylonier
(bw 2349)

Ralph-Johannes Lilie
Byzanz
(bw 2085)

Martin Jehne
Caesar
(bw 2044)

Wilfried Stroh
Cicero
(bw 2440)

Michael Maaß
Das antike Delphi
(bw 2431)

Bernhard Maier
Die Druiden
(bw 2466)

Hermann A. Schlögl
Echnaton
(bw 2441)

Hansjürgen Müller-Beck
Die Eiszeiten
(bw 2363)

Friedhelm Prayon
Die Etrusker
(bw 2040)

Friedemann Schrenk
Die Frühzeit des Menschen
(bw 2059)

Herwig Wolfram
Die Germanen
(bw 2004)

Christian Mann
Die Gladiatoren
(bw 2772)

Rudolf Simek
Götter und Kulte der Germanen
(bw 2335)

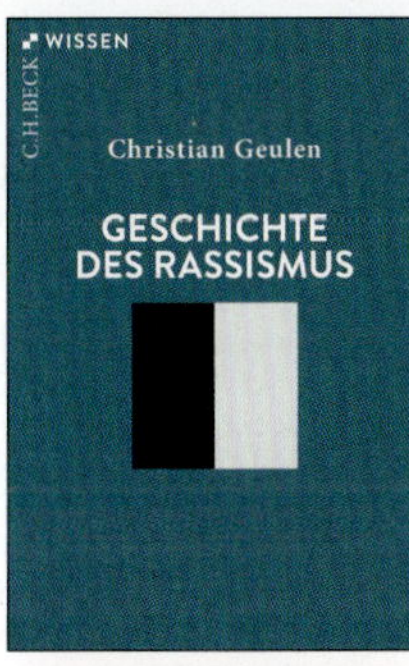

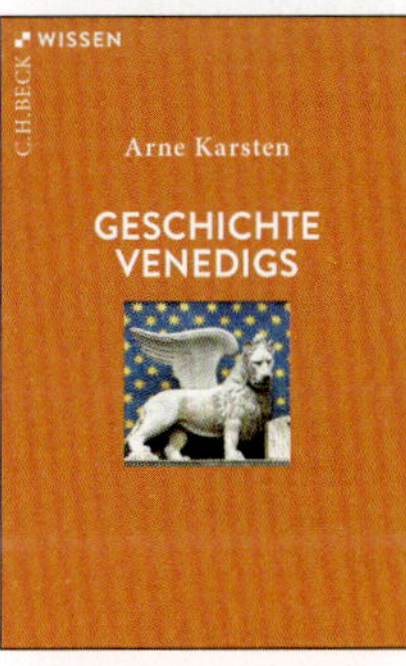

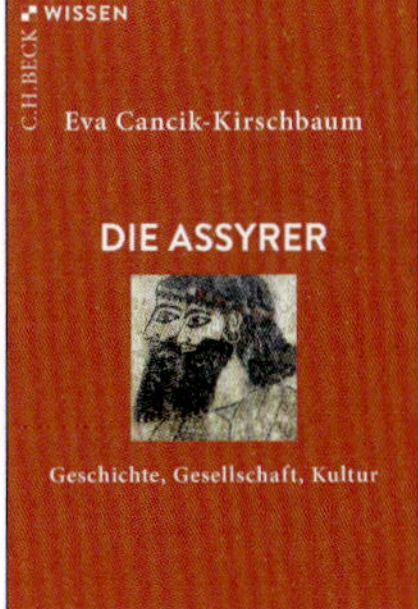

Manfred Krebernik
Götter und Mythen des Alten Orients
(bw 2708)

Herwig Wolfram
Die Goten und ihre Geschichte
(bw 2179)

Sigrid Deger-Jalkotzy
Dieter Hertel
Das Mykenische Griechenland
(bw 2860)

Karl-Wilhelm Welwei
Die griechische Frühzeit
(bw 2185)

Detlef Lotze
Griechische Geschichte
(bw 2014)

Pedro Barceló
Hannibal
(bw 2092)

Heinz Heinen
Geschichte des Hellenismus
(bw 2309)

Jörg Klinger
Die Hethiter
(bw 2425)

Barbara Patzek
Homer und seine Zeit
(bw 2302)

Timo Stickler
Die Hunnen
(bw 2433)

Harald Haarmann
Die Indoeuropäer
(bw 2706)

Eckart Otto
Das antike Jerusalem
(bw 2418)

Mischa Meier
Justinian
(bw 2332)

Alexander Demandt
Die Kelten
(bw 2101)

Elmar Schwertheim
Kleinasien in der Antike
(bw 2348)

Manfred Clauss
Kleopatra
(bw 2009)

Manfred Clauss
Konstantin der Große und seine Zeit
(bw 2042)

Peter Schreiner
Konstantinopel
(bw 2364)

NEU
Egon Schallmayer
Der Limes
(bw 2318)

Karen Radner
Mesopotamien
(bw 2877)

Leonhard Burckhardt
Militärgeschichte der Antike
(bw 2447)

Jürgen Malitz
Nero
(bw 2105)

Hermann A. Schlögl
Nofretete
(bw 2763)

Bruno Bleckmann
Der Peloponnesische Krieg
(bw 2391)

Martin Zimmermann
Pergamon
(bw 2740)

Wolfgang Will
Die Perserkriege
(bw 2705)

Michael Sommer
Die Phönizier
(bw 2444)

Jens-Arne Dickmann
Pompeji
(bw 2387)

Peter Jánosi
Die Pyramiden
(bw 2331)

Reinhard Wolters
Die Römer in Germanien
(bw 2136)

Klaus Bringmann
Römische Geschichte
(bw 2012)

Karl Christ
Die Römische Kaiserzeit
(bw 2155)

Martin Jehne
Die Römische Republik
(bw 2362)

Frank Kolb
Das antike Rom
(bw 2407)

Eckhard Meyer-Zwiffelhoffer
Imperium Romanum
(bw 2467)

Hermann Parzinger
Die Skythen
(bw 2342)

rnst Baltrusch
Sparta
(bw 2083)

Bernhard Maier
Stonehenge
(bw 2377)

NEU
Gebhard J. Selz
Sumerer und
Akkader
(bw 2374)

Erik Hornung
Das Tal der Könige
(bw 2195)

Dieter Hertel
Troia
(bw 2166)

Konrad Vössing
Die Vandalen
(bw 2881)

Günther Moosbauer
Die Varusschlacht
(bw 2457)

Klaus Rosen
Die Völker-
wanderung
(bw 2180)

Johannes Engels
Die Sieben Weisen
(bw 2485)

Kai Brodersen
Die Sieben
Weltwunder
(bw 2029)

Rudolf Simek
Die Wikinger
(bw 2081)

Michael Sommer
Wirtschafts-
geschichte der
Antike
(bw 2788)

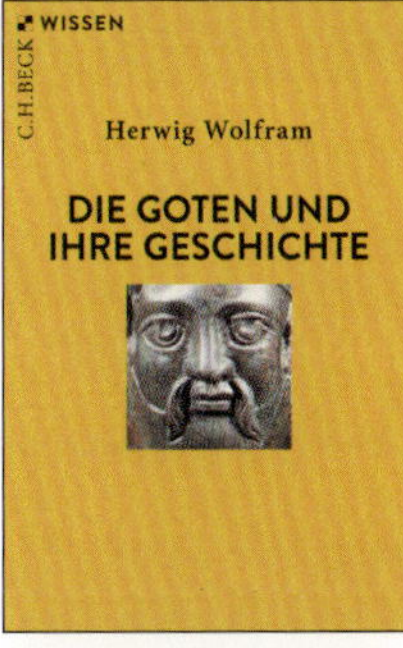

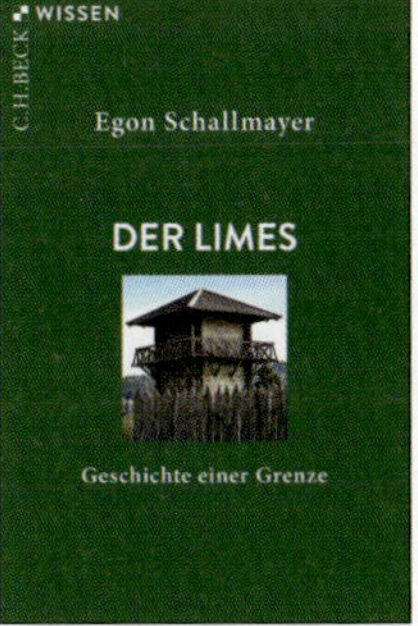

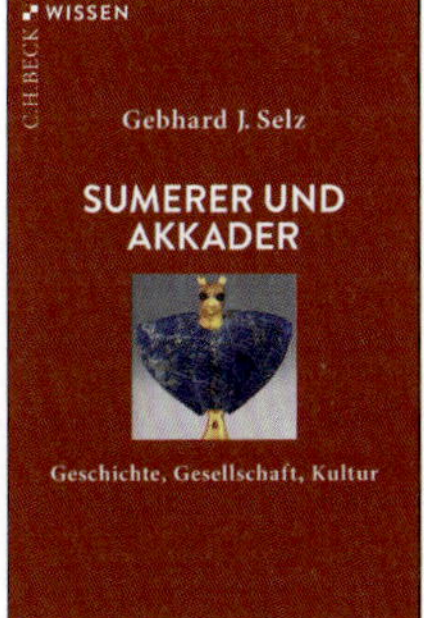

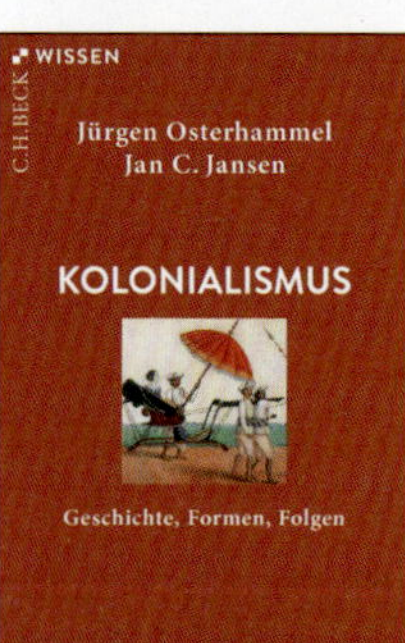

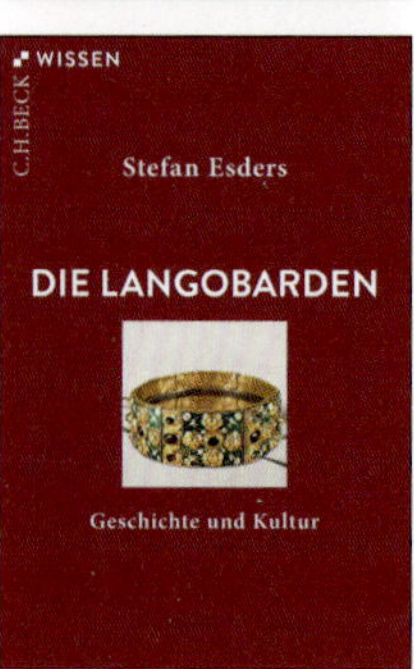

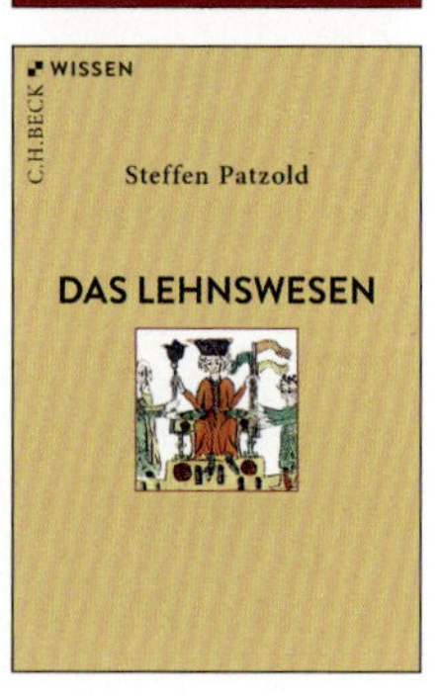

GESCHICHTE – MITTELALTER UND NEUZEIT

Dominik Waßenhoven
1066
Englands Eroberung durch die Normannen (bw 2866)

Michael Hochgeschwender
Der amerikanische Bürgerkrieg
(bw 2451)

Heinz Halm
Die Assassinen
(bw 2868)

Peter Blickle
Der Bauernkrieg
(bw 2103)

Eberhard Kolb
Bismarck
(bw 2476)

Volker Reinhardt
Die Borgia
(bw 2741)

Christoph Strohm
Johannes Calvin
(bw 2469)

Wolf D. Gruner
Der Deutsche Bund
(bw 2495)

Sebastian Conrad
Deutsche Kolonialgeschichte
(bw 2448)

Heiko Haumann
Dracula
(bw 2715)

Georg Schmidt
Der Dreißigjährige Krieg
(bw 2005)

Bernhard Jussen
Die Franken
(bw 2799)

Hans-Ulrich Thame
Die Französische Revolution
(bw 2347)

Heinz Duchhardt
Freiherr vom Stein
(bw 2487)

Helmut Reinalter
Die Freimaurer
(bw 2133)

Olaf B. Rader
Kaiser Friedrich II.
(bw 2762)

Knut Görich
Friedrich Barbarossa
(bw 2931)

Johannes Kunisch
Friedrich der Große
(bw 2731)

Thomas Maissen
Geschichte der Frühen Neuzeit
(bw 2760)

ürgen Osterhammel
Nils P. Petersson
Geschichte der Globalisierung
(bw 2320)

Rudolf Schieffer
Papst Gregor VII.
(bw 2492)

Heinz-Dieter Heimann
Die Habsburger
(bw 2154)

Rolf Hammel-Kiesow
Die Hanse
(bw 2131)

Barbara Stollberg-Rilinger
Das Heilige Römische Reich Deutscher Nation
(bw 2399)

Wolfgang Behringer
Hexen
(bw 2082)

Alexander Schunka
Die Hugenotten
(bw 2892)

Andreas W. Daum
Alexander von Humboldt
(bw 2888)

Joachim Ehlers
Der Hundertjährige Krieg
(bw 2475)

Gerd Schwerhoff
Die Inquisition
(bw 2340)

Claudia Zey
Der Investiturstreit
(bw 2852)

Klaus Herbers
Jakobsweg
(bw 2394)

Gerd Krumeich
Jeanne d'Arc
(bw 2396)

Helmut Reinalter
Joseph II.
(bw 2735)

Bernd Schneidmüller
Die Kaiser des Mittelalters
(bw 2398)

Luise Schorn-Schütte
Karl V.
(bw 2130)

Matthias Becher
Karl der Große
(bw 2120)

Karl Ubl
Die Karolinger
(bw 2828)

Luise Schorn-Schütte
Königin Luise
(bw 2323)

Jürgen Osterhammel
Jan C. Jansen
Kolonialismus
(bw 2002)

Vitus Huber
Die Konquistadoren
(bw 2890)

Peter Thorau
Die Kreuzzüge
(bw 2338)

NEU
Stefan Esders
Die Langobarden
(bw 2946)

NEU
Steffen Patzold
Das Lehnswesen
(bw 2745)

Hermann Rumschöttel
Ludwig II. von Bayern
(bw 2719)

Mark Hengerer
Ludwig XIV.
(bw 2842)

Marina Münkler
Marco Polo
(bw 2097)

Wilfried Nippel
Karl Marx
(bw 2834)

Volker Reinhardt
Die Medici
(bw 2028)

Martina Hartmann
Die Merowinger
(bw 2746)

Wolfram Siemann
Metternich
(bw 2484)

Martin Clauss
Militärgeschichte des Mittelalters
(bw 2914)

Stephan Conermann
Das Mogulreich
(bw 2403)

Johannes Willms
Napoleon
(bw 2893)

Hubert Houben
Die Normannen
(bw 2755)

Hagen Keller
Die Ottonen
(bw 2146)

Eduard Mühle
Die Piasten
Polen im Mittelalter
(bw 2709)

Nikolas Jaspert
Die Reconquista
(bw 2876)

Michael Epkenhans
Die Reichsgründung 1870/71
(bw 2902)

Volker Reinhardt
Die Renaissance in Italien
(bw 2191)

Dieter Hein
Die Revolution von 1848/49
(bw 2019)

Joachim Ehlers
Die Ritter
(bw 2392)

Joachim Zeune
Ritterburgen
(bw 2831)

Andrew James Johnston
Robin Hood
(bw 2767)

NEU
Babette Ludowici
Die Sachsen
(bw 2941)

Hannes Möhring
Saladin
(bw 2386)

Johannes Laudage
Die Salier
(bw 2397)

NEU
Georg Bossong
Die Sepharden
(bw 2438)

Marian Füssel
Der Siebenjährige Krieg
(bw 2704)

Michaela und Karl Vocelka
Sisi
(bw 2829)

Matthias Schnettger
Der Spanische Erbfolgekrieg
(bw 2826)

Knut Görich
Die Staufer
(bw 2393)

Ronald G. Asch
Die Stuarts
(bw 2710)

NEU
Jürgen Sarnowsky
Die Templer
(bw 2472)

Hans-Ulrich Thamer
Die Völkerschlacht bei Leipzig
(bw 2774)

Marian Füssel
Waterloo 1815
(bw 2838)

Siegrid Westphal
Der Westfälische Frieden
(bw 2851)

Heinz Duchhardt
Der Wiener Kongress
(bw 2778)

Hans-Jörg Gilomen
Wirtschaftsgeschichte des Mittelalters
(bw 2781)

Christian Kleinschmidt
Wirtschaftsgeschichte der Neuzeit
(bw 2869)

Ilko-Sascha Kowalczuk
Der 17. Juni 1953
(bw 2771)

Ingrid Gilcher-Holtey
Die 68er-Bewegung
(bw 2183)

Sybille Steinbacher
Auschwitz
(bw 2333)

Christiane Tietz
Dietrich Bonhoeffer
(bw 2775)

Bernd Faulenbach
Willy Brandt
(bw 2780)

Jürgen Osterhammel
Jan C. Jansen
Dekolonisation
(bw 2785)

Ulrich Herbert
Das Dritte Reich
(bw 2859)

Bethold Rittberger
Die Europäische Union
(bw 2930)

Wolfgang Schieder
Der italienische Faschismus
(bw 2429)

NEU
Ronald Leopold
Anne Frank
(bw 2939)

Dietmar Rothermund
Gandhi
(bw 2322)

Florian Coulmas
Hiroshima
(bw 2491)

Wolfgang Benz
Der Holocaust
(bw 2022)

Tilman Seidensticker
Islamismus
(bw 2827)

Annika Mombauer
Die Julikrise
Europas Weg in den Ersten Weltkrieg (bw 2825)

Bernd Stöver
Der Kalte Krieg
(bw 2314)

Andreas Stegmann
Die Kirchen in der DDR
(bw 2921)

Christoph Strohm
Die Kirchen im Dritten Reich
(bw 2720)

Bernd Greiner
Die Kuba-Krise
(bw 2486)

Stephan Bierling
Nelson Mandela
(bw 2748)

Sabine Dabringhaus
Mao Zedong
(bw 2439)

Wolfgang Schieder
Benito Mussolini
(bw 2835)

Marianne Sammer
Mutter Teresa
(bw 2405)

Muriel Asseburg
Jan Busse
Der Nahostkonflikt
(bw 2858)

Raphael Gross
November 1938
(bw 2782)

Hans-Ulrich Thamer
Die NSDAP
(bw 2911)

Annette Weinke
Die Nürnberger Prozesse
(bw 2404)

Wolfgang Benz
Die Protokolle der Weisen von Zion
(bw 2413)

Armin Pfahl-Traughber
Rechtsextremismus in der Bundesrepublik
(bw 2112)

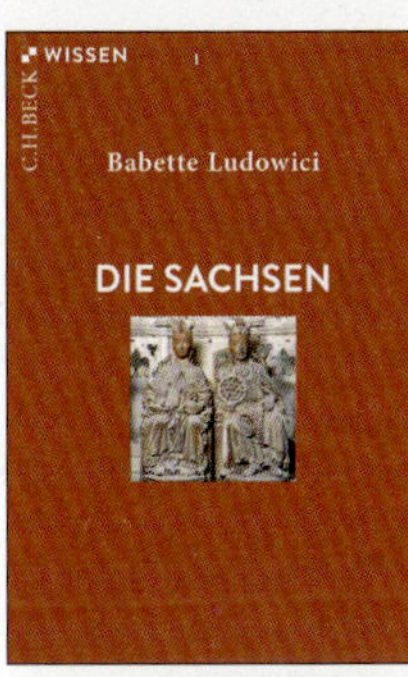

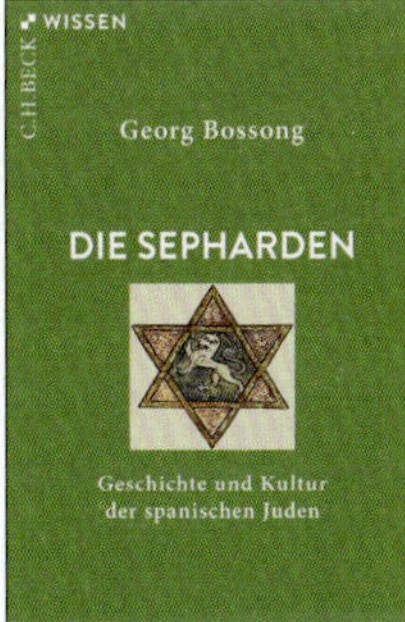

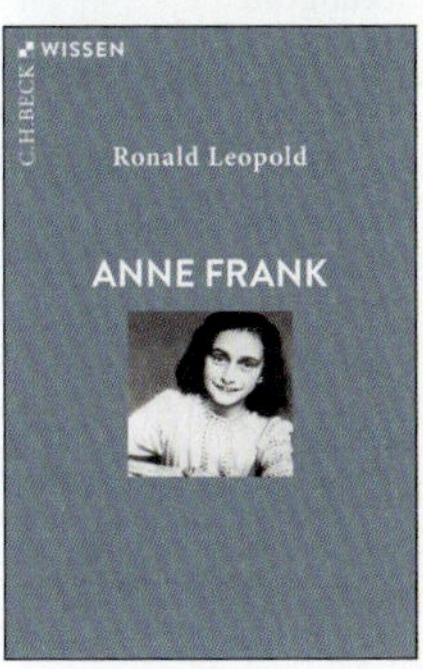

Winfried Böhm
Die Reformpädagogik
Montessori, Waldorf und andere Lehren (bw 2743)

Volker Ullrich
Die Revolution von 1918/19
(bw 2454)

NEU
Petra Terhoeven
Die Rote Armee Fraktion
(bw 2878)

NEU
Bastian Hein
Die SS
(bw 2841)

Wolfgang Reinhard
Geschichte des modernen Staates
(bw 2423)

Bernd Ulrich
Stalingrad
(bw 2368)

Peter Hoffmann
Stauffenberg und der 20. Juli 1944
(bw 2102)

NEU
Gwendolyn Sasse
Der Krieg gegen die Ukraine
(bw 2943)

Christian Hartmann
Unternehmen Barbarossa
Der deutsche Krieg im Osten 1941–1945 (bw 2714)

Eberhard Kolb
Der Frieden von Versailles
(bw 2375)

NEU
Gunther Mai
Die Weimarer Republik
(bw 2477)

NEU
Robert M. Zoske
Die Weiße Rose
(bw 2945)

Volker Berghahn
Der Erste Weltkrieg
(bw 2312)

Gerhard Schreiber
Der Zweite Weltkrieg
(bw 2164)

Wolfgang Benz
Der deutsche Widerstand gegen Hitler
(bw 2798)

Andreas Rödder
Geschichte der deutschen Wiedervereinigung
(bw 2736)

LÄNDER- UND NATIONALGESCHICHTE

Hermann A. Schlögl
Das alte Ägypten
(bw 2305)

Ralph Tuchtenhagen
Geschichte der baltischen Länder
(bw 2355)

Benedikt Stuchtey
Geschichte des Britischen Empire
(bw 2918)

Dominik Geppert
Geschichte der Bundesrepublik Deutschland
(bw 2929)

Hermann Kamp
Burgund
(bw 2414)

Helwig Schmidt-Glintzer
Das alte China
Von den Anfängen bis zum 19. Jh. (bw 2015)

Das neue China
Vom Untergang des Kaiserreichs bis zur Gegenwart (bw 2126)

Daniel Leese
Die chinesische Kulturrevolution
(bw 2854)

Robert Bohn
Dänische Geschichte
(bw 2162)

Frank Rexroth
Deutsche Geschichte im Mittelalter
(bw 2307)

Johannes Burkhardt
Deutsche Geschichte der Frühen Neuzeit
(bw 2462)

Dieter Hein
Deutsche Geschichte im 19. Jahrhundert
(bw 2840)

Andreas Wirsching
Deutsche Geschichte im 20. Jahrhundert
(bw 2165)

NEU
Matthias Waechter
Geschichte Frankreichs
(bw 2947)

Wolfgang Zwickel
Das Heilige Land
(bw 2459)

Dietmar Rothermund
Geschichte Indiens
(bw 2194)

Monika Gronke
Geschichte Irans
(bw 2321)

Benedikt Stuchtey
Geschichte Irlands
(bw 2765)

Noam Zadoff
Geschichte Israels
(bw 2905)

NEU
Bernd U. Schipper
Geschichte Israels
in der Antike
(bw 2887)

Volker Reinhardt
Geschichte Italiens
(bw 2118)

Manfred Pohl
Geschichte Japans
(bw 2190)

Angelos Chaniotis
Das antike Kreta
(bw 2350)

Michel Pauly
Geschichte
Luxemburgs
(bw 2732)

Michael North
Geschichte der
Niederlande
(bw 2078)

Karl Vocelka
Österreichische
Geschichte
(bw 2369)

Andreas Kossert
Ostpreußen
(bw 2833)

Josef Wiesehöfer
Das frühe Persien
(bw 2107)

Jürgen Heyde
Geschichte Polens
(bw 2385)

Walther L. Bernecker
Horst Pietschmann
Geschichte
Portugals
(bw 2156)

NEU
Monika Wienfort
Geschichte
Preußens
(bw 2456)

NEU
Andreas Kappeler
Russische
Geschichte
(bw 2076)

Arno Herzig
Geschichte
Schlesiens
(bw 2843)

Bernhard Maier
Geschichte
Schottlands
(bw 2844)

Volker Reinhardt
Geschichte der
Schweiz
(bw 2401)

Martin Dreher
Das antike Sizilien
(bw 2437)

WISSEN
C.H.BECK
Gwendolyn Sasse
DER KRIEG GEGEN DIE UKRAINE
Hintergründe, Ereignisse, Folgen

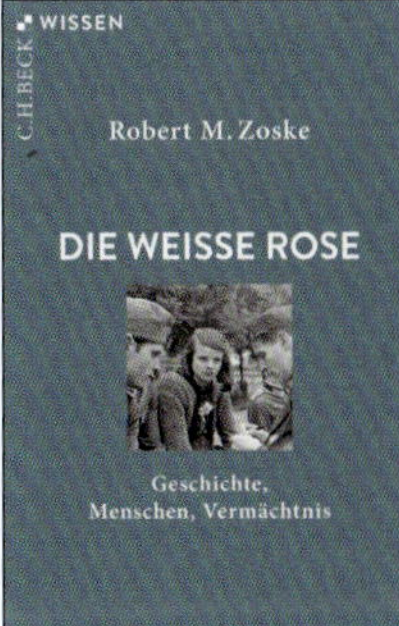

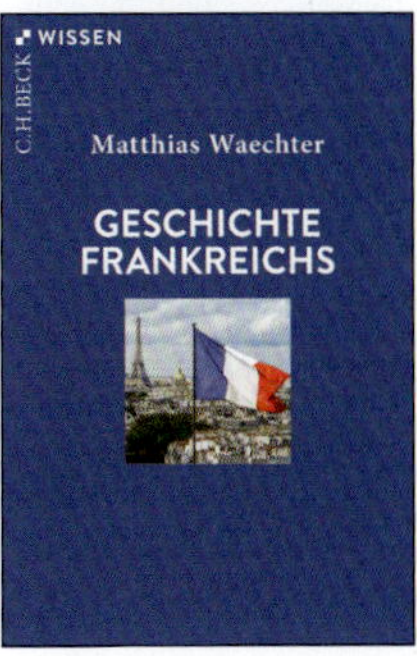

Thomas Dittelbach
Geschichte Siziliens
(bw 2490)

Harm G. Schröter
Geschichte Skandinaviens
(bw 2422)

Susanne Schattenberg
Geschichte der Sowjetunion
(bw 2935)

Georg Bossong
Das Maurische Spanien
(bw 2395)

Walther L. Bernecker
Spanische Geschichte
(bw 2111)

Conrad Schetter
Katja Mielke
Die Taliban
(bw 2936)

Joachim Bahlcke
Geschichte Tschechiens
(bw 2797)

Klaus Kreiser
Geschichte der Türkei
(bw 2758)

Horst Dippel
Geschichte der USA
(bw 2051)

DIE DEUTSCHEN BUNDESLÄNDER

Hans-Georg Wehling
Reinhold Weber
Geschichte Baden-Württembergs
(bw 2601)

Wilhelm Volkert
Geschichte Bayerns
(bw 2602)

Bernd Stöver
Geschichte Berlins
(bw 2603)

Peter-Michael Hahn
Geschichte Brandenburgs
(bw 2604)

Konrad Elmshäuser
Geschichte Bremens
(bw 2605)

Martin Krieger
Geschichte Hamburgs
(bw 2606)

Frank-Lothar Kroll
Geschichte Hessens
(bw 2607)

Carl-Hans Hauptmeyer
Geschichte Niedersachsens
(bw 2609)

Christoph Nonn
Geschichte Nordrhein-Westfalens
(bw 2610)

Lukas Clemens
Norbert Franz
Geschichte von Rheinland-Pfalz
(bw 2611)

Wolfgang Behringer
Gabriele Clemens
Geschichte des Saarlandes
(bw 2612)

NEU
Frank-Lothar Kroll
Geschichte Sachsens
(bw 2613)

Mathias Tullner
Geschichte Sachsen-Anhalts
(bw 2614)

Robert Bohn
Geschichte Schleswig-Holsteins
(bw 2615)

Steffen Raßloff
Geschichte Thüringens
(bw 2616)

POLITIK

Philipp Lepenies
Armut
(bw 2862)

Eckart Conze
Das Auswärtige Amt
(bw 2744)

Jutta Limbach
Das Bundesverfassungsgericht
(bw 2161)

Bernd Stöver
CIA
(bw 2871)

Hans Vorländer
Demokratie
(bw 2311)

Kiran Klaus Patel
Europäische Integration
(bw 2932)

Wolfgang Krieger
Die deutschen Geheimdienste
(bw 2922)

Stefan Luft
Die Flüchtlingskrise
(bw 2857)

Christoph Möllers
Das Grundgesetz
(bw 2470)

Ottmar Edenhofer
Michael Jakob
Klimapolitik
(bw 2853)

Britta Bannenberg
Dieter Rössner
Kriminalität in Deutschland
(bw 2384)

Dietrich von der Oelsnitz
Management
(bw 2479)

Angelika Nußberger
Die Menschenrechte
(bw 2930)

Thomas Piketty
Ökonomie der Ungleichheit
(bw 2864)

Marcus Llanque
Geschichte der politischen Ideen
(bw 2759)

Manfred G. Schmidt
Das politische System der Bundesrepublik Deutschland
(bw 2371)

Wilfried Röhrich
Die politischen Systeme der Welt
(bw 2128)

Dietmar Willoweit
Reich und Staat
Eine kleine deutsche Verfassungsgeschichte
(bw 2776)

Manfred G. Schmidt
Der deutsche Sozialstaat
(bw 2764)

Bernd Faulenbach
Geschichte der SPD
(bw 2753)

Hanno Beck
Aloys Prinz
Staatsverschuldung
(bw 2742)

Klaus Dieter Wolf
Die UNO
(bw 2378)

Angelika Nußberger
Das Völkerrecht
(bw 2478)

Werner Plumpe
Wirtschaftskrisen
(bw 2701)

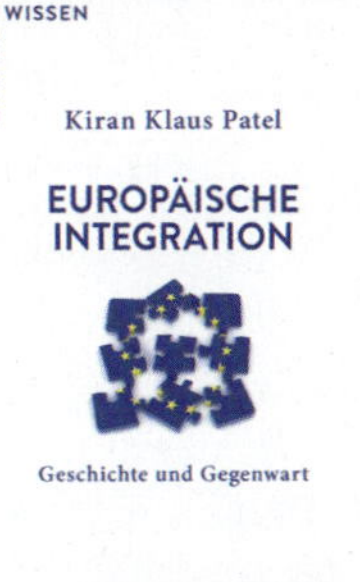

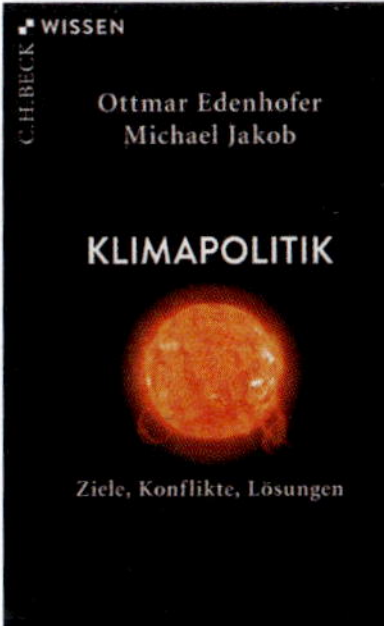

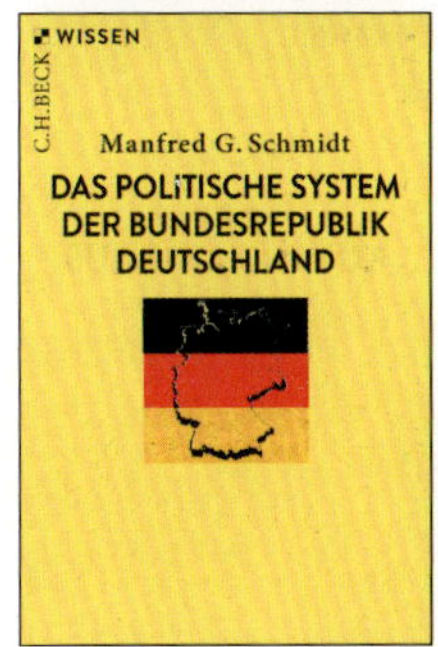

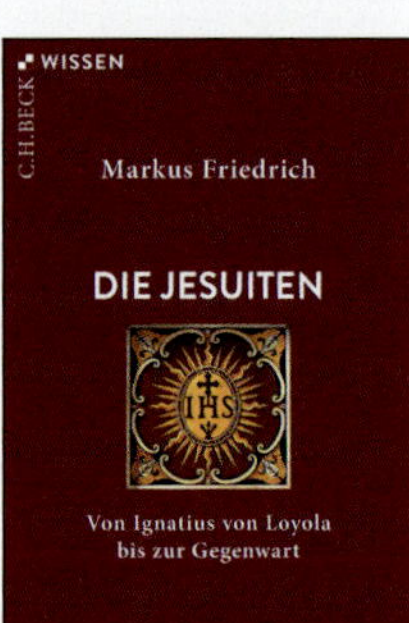

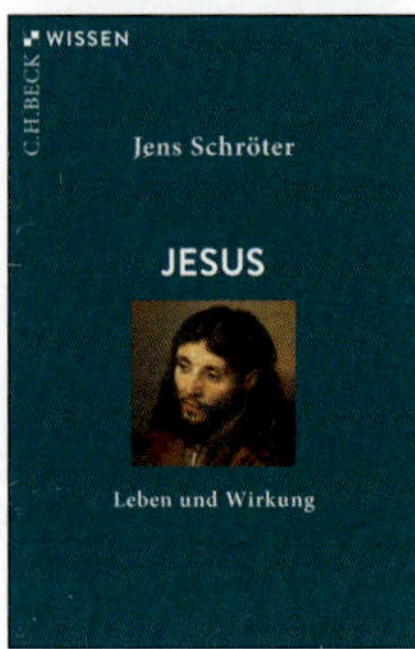

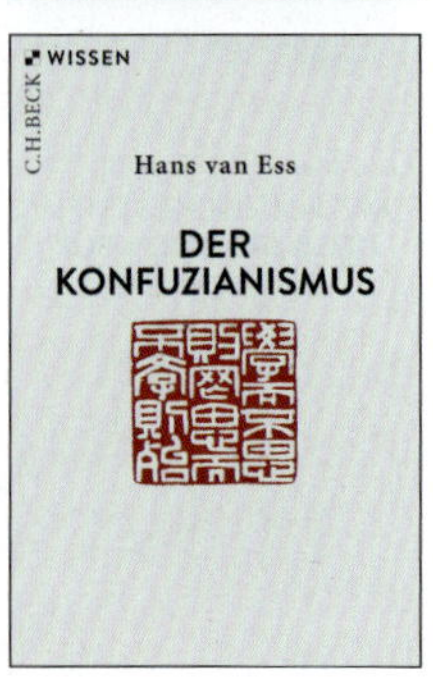

RELIGION

Mirko Breitenstein
Die Benediktiner
(bw 2894)

Konrad Schmid
Die Bibel
(bw 2928)

Axel Michaels
Buddha
(bw 2717)

Helwig Schmidt-Glintzer
Der Buddhismus
(bw 2367)

Jörg Lauster
Das Christentum
(bw 2933)

Martin Tamcke
Das orthodoxe Christentum
(bw 2339)

Wolfram Kinzig
Christenverfolgung in der Antike
(bw 2898)

Hans van Ess
Der Daoismus
(bw 2721)

Jens Schröter
Die apokryphen Evangelien
(bw 2906)

Helmut Feld
Franziskus von Assisi
(bw 2170)

Christoph Markschies
Die Gnosis
(bw 2173)

Peter Gemeinhardt
Die Heiligen
(bw 2498)

Bernhard Lang
Himmel, Hölle, Paradies
(bw 2900)

Heinrich von Stietencron
Der Hinduismus
(bw 2158)

Heinz Halm
Der Islam
(bw 2145)

Markus Friedrich
Die Jesuiten
(bw 2926)

Jens Schröter
Jesus
(bw 2916)

Stefan Samerski
Johannes Paul II.
(bw 2435)

Günter Stemberger
Jüdische Religion
(bw 2003)

Christoph Auffarth
Die Ketzer
(bw 2383)

Volker Leppin
Geschichte der
hristlichen Kirchen
(bw 2499)

Hartmut Leppin
Die Kirchenväter
und ihre Zeit
(bw 2141)

NEU
Hans van Ess
Der Konfuzianismus
(bw 2306)

Hartmut Bobzin
Der Koran
(bw 2109)

Thomas Kaufmann
Martin Luther
(bw 2388)

Hartmut Bobzin
Mohammed
(bw 2144)

Lorenz Korn
Die Moschee
(bw 2573)

Eckart Otto
Mose
(bw 2400)

Volker Leppin
Die christliche
Mystik
(bw 2415)

Georg Schwaiger
Manfred Heim
Orden und Klöster
(bw 2196)

Georg Denzler
Das Papsttum
(bw 2065)

Alexander Demandt
Pontius Pilatus
(bw 2747)

Friedrich Wilhelm
Graf
Der Protestantismus
(bw 2108)

Luise
Schorn-Schütte
Die Reformation
(bw 2054)

Klaus Kienzler
Der religiöse
Fundamentalismus
Christentum, Judentum,
Islam (bw 2031)

Heinz Halm
Die Schiiten
(bw 2358)

Annemarie
Schimmel
Sufismus
(bw 2129)

Thomas Kaufmann
Die Täufer
(bw 2897)

Christoph Levin
Das Alte Testament
(bw 2160)

Gerd Theißen
Das Neue Testament
(bw 2192)

Manfred Hutter
Die Weltreligionen
(bw 2365)

Michael Stausberg
Zarathustra und
seine Religion
(bw 2370)

Matthias Köckert
Die Zehn Gebote
(bw 2430)

Oliver Primavesi
Christof Rapp
Aristoteles
(bw 2865)

Werner Schneiders
Das Zeitalter
der Aufklärung
(bw 2058)

Otfried Höffe
Ethik
(bw 2800)

Otfried Höffe
Gerechtigkeit
(bw 2168)

Annemarie Pieper
Gut und Böse
(bw 2077)

Günter Zöller
Hegels Philosophie
(bw 2912)

Dietmar
von der Pfordten
Menschenwürde
(bw 2856)

Christof Rapp
Metaphysik
(bw 2809)

Albert Newen
Philosophie des
Geistes
(bw 2806)

PHILOSOPHIE

Die Geschichte der Philosophie

Christoph Horn
Philosophie der Antike
(bw 2820)

Loris Sturlese
Philosophie im Mittelalter
(bw 2821)

Johannes Haag
Markus Wild
Philosophie der Neuzeit
(bw 2822)

Günter Zöller
Philosophie des 19. Jahrhunderts
(bw 2823)

Thomas Rentsch
Philosophie des 20. Jahrhunderts
(bw 2824)

Norman Sieroka
Philosophie der Physik
(bw 2803)

Klaus Kornwachs
Philosophie der Technik
(bw 2805)

Norman Sieroka
Philosophie der Zeit
(bw 2886)

Hans van Ess
Chinesische Philosophie
(bw 2919)

Ulrich Rudolph
Islamische Philosophie
(bw 2352)

Dietmar von der Pfordten
Rechtsphilosophie
(bw 2801)

Michel Soëtard
Jean-Jacques Rousseau
(bw 2734)

Rahel Jaeggi
Robin Celikates
Sozialphilosophie
(bw 2804)

Pirmin Stekeler-Weithofer
Sprachphilosophie
(bw 2802)

Dirk Kaesler
Max Weber
(bw 2726)

Nils Ole Oermann
Wirtschaftsethik
(bw 2845)

Holm Tetens
Wissenschaftstheorie
(bw 2808)

Michael von Brück
Zen
(bw 2344)

LITERATUR | SPRACHE

Anna Kathrin Bleuler
Der Codex Manesse
(bw 2882)

Franziska Meier
Dantes Göttliche Komödie
(bw 2880)

Therese Fuhrer
Martin Hose
Das antike Drama
(bw 2729)

Rudolf Simek
Die Edda
(bw 2419)

Walther Sallaberger
Das Gilgamesch-Epos
(bw 2443)

Dorothea Hölscher-Lohmeyer
Johann Wolfgang Goethe
(bw 2127)

Michael Jaeger
Goethes «Faust»
(bw 2903)

Dieter Burdorf
Friedrich Hölderlin
(bw 2712)

Thomas Anz
Franz Kafka
(bw 2473)

Gerhard Schulz
Sabine Doering
Klassik
(bw 2329)

Hans Joachim Kreutzer
Heinrich von Kleist
(bw 2716)

Friedrich Vollhardt
Gotthold Ephraim Lessing
(bw 2789)

Dirk von Petersdorff
Literaturgeschichte der Bundesrepublik Deutschland
(bw 2733)

Mario Klarer
Literaturgeschichte der USA
(bw 2769)

Dirk von Petersdorff
Geschichte der deutschen Lyrik
(bw 2434)

Niklas Holzberg
Ovids Metamorphosen
(bw 2421)

Bernhard Zimmermann
Homers Odyssee
(bw 2908)

Gert Ueding
Klassische Rhetorik
(bw 2000)

Gert Ueding
Moderne Rhetorik
(bw 2134)

Thomas Baier
Geschichte der Römischen Literatur
(bw 2446)

Gerhard Schulz
Romantik
(bw 2053)

Peter-André Alt
Friedrich Schiller
(bw 2357)

Thomas O. Höllmann
Die chinesische Schrift
(bw 2849)

Harald Haarmann
Geschichte der Schrift
(bw 2198)

Hans-Dieter Gelfert
Shakespeare
(bw 2055)

Jürgen Trabant
Die Sprache
(bw 2464)

Thorsten Roelcke
Geschichte der deutschen Sprache
(bw 2480)

Bernd Seidensticker
Das antike Theater
(bw 2496)

Andreas Englhart
Das Theater der Gegenwart
(bw 2779)

Ulrich Schmid
Lew Tolstoi
(bw 2493)

Markus Janka
Vergils Aeneis
(bw 2884)

Jürgen von Stackelberg
Voltaire
(bw 2402)

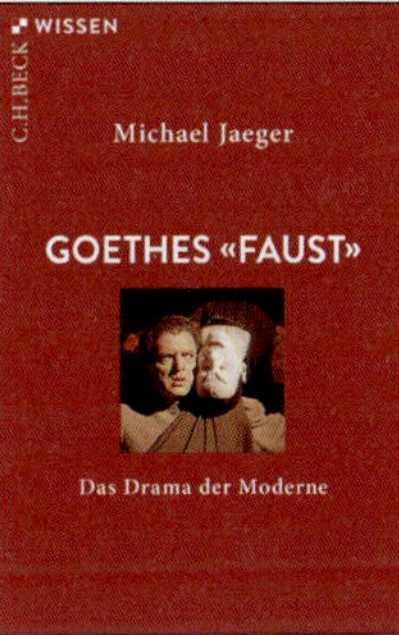

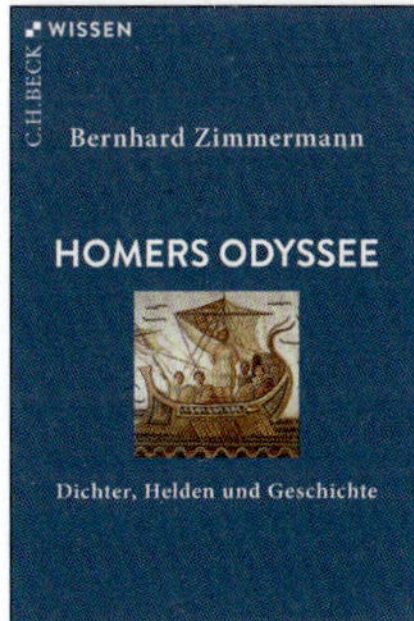

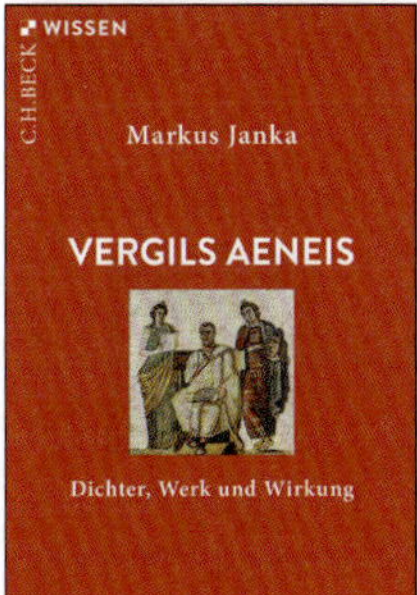

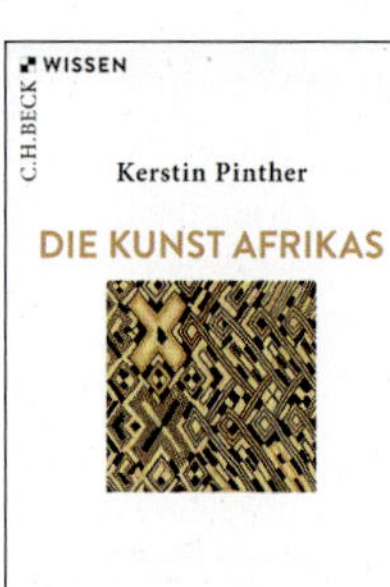

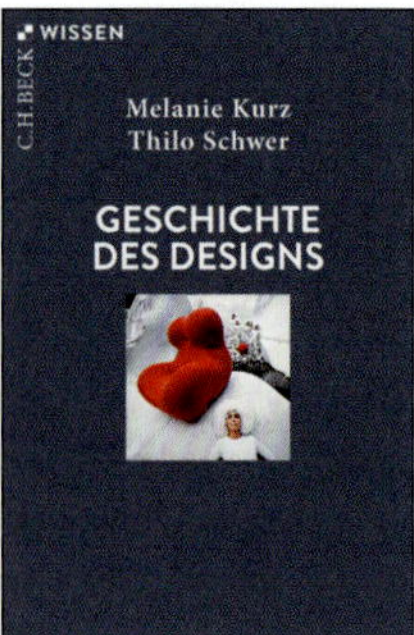

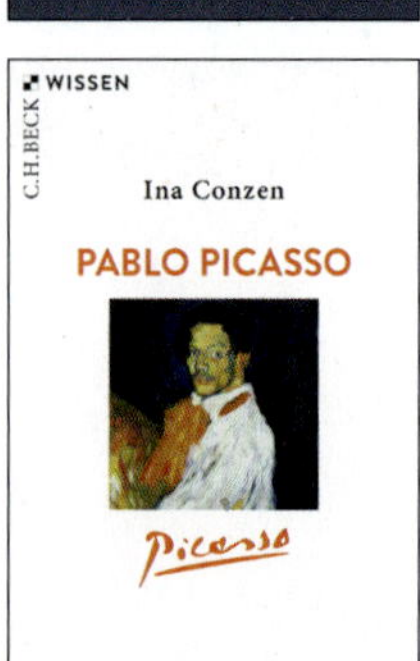

KUNST

Die große Geschichte der Kunst

Von der Antike bis zur Gegenwart

Tonio Hölscher
Die griechische Kunst
(bw 2551)

Paul Zanker
Die römische Kunst
(bw 2552)

Johannes G. Deckers
Die frühchristliche und byzantinische Kunst
(bw 2553)

NEU
Lorenz Korn
Geschichte der islamischen Kunst
(bw 2570)

Bruno Reudenbach
Die Kunst des Mittelalters
Band I: 800 bis 1200
(bw 2554)

Klaus Niehr
Die Kunst des Mittelalters
Band II: 1200 bis 1500
(bw 2555)

Andreas Tönnesmann
Die Kunst der Renaissance
(bw 2556)

Dietrich Erben
Die Kunst des Barock
(bw 2557)

Andreas Beyer
Die Kunst des Klassizismus und der Romantik
(bw 2558)

Michael F. Zimmermann
Die Kunst des 19. Jahrhunderts
(bw 2559)

Uwe M. Schneede
Die Kunst der Klassischen Moderne
(bw 2560)

Philip Ursprung
Die Kunst der Gegenwart
(bw 2561)

NEU
Kerstin Pinther
Die Kunst Afrikas
(bw 2575)

Winfried Nerdinger
Das Bauhaus
(bw 2883)

Uwe M. Schneede
Max Beckmann
(bw 2515)

Nils Büttner
Hieronymus Bosch
(bw 2516)

Frank Zöllner
Botticelli
(bw 2505)

Nils Büttner
Pieter Bruegel d. Ä.
(bw 2521)

Alexander Markschies
Brunelleschi
(bw 2540)

Sybille Ebert-Schifferer
Caravaggio
(bw 2525)

Götz Adriani
Paul Cézanne
(bw 2506)

Michael F. Zimmermann
Lovis Corinth
(bw 2509)

NEU
Melanie Kurz
Thilo Schwer
Geschichte des Designs
(bw 2938)

Uwe M. Schneede
Otto Dix
(bw 2522)

Thomas Schauerte
Albrecht Dürer
(bw 2524)

Werner Busch
Caspar David Friedrich
(bw 2526)

Michael Viktor Schwarz
Giotto
(bw 2503)

Uwe M. Schneede
Vincent van Gogh
(bw 2310)

Werner Busch
Goya
(bw 2520)

Oskar Bätschmann
Hans Holbein d. J.
(bw 2513)

Matthias Haldemann
Kandinsky
(bw 2519)

Christian Rümelin
Paul Klee
(bw 2500)

Oskar Bätschmann
Edouard Manet
(bw 2518)

Werner Busch
Adolph Menzel
(bw 2501)

Felix Krämer
Claude Monet
(bw 2517)

NEU
Ina Conzen
Pablo Picasso
(bw 2527)

Jürg Meyer zur Capellen
Raffael
(bw 2510)

Nils Büttner
Peter Paul Rubens
(bw 2504)

Frank Büttner
Philipp Otto Runge
(bw 2507)

Wilhelm Schlink
Tizian
(bw 2508)

Monika Wagner
William Turner
(bw 2514)

Nils Büttner
Vermeer
(bw 2511)

Felix Thürlemann
Rogier van der Weyden
(bw 2502)

Dorothea Arnold
Die ägyptische Kunst
(bw 2550)

Norbert Huse
Geschichte der Architektur im 20. Jahrhundert
(bw 2455)

Dietrich Erben
Architekturtheorie
(bw 2874)

Helmut Brinker
Die chinesische Kunst
(bw 2571)

Wolfgang Kemp
Geschichte der Fotografie
(bw 2727)

Felix Müller
Die Kunst der Kelten
(bw 2574)

Ulrich Pfisterer
Die Sixtinische Kapelle
(bw 2562)

Dorothea Schröder
Johann Sebastian Bach
(bw 2738)

Egon Voss
Bachs Konzerte
(bw 2212)

Siegfried Mauser
Beethovens Klaviersonaten
(bw 2200)

Dieter Rexroth
Beethovens Symphonien
(bw 2209)

Matthias Schmidt
Johannes Brahms. Die Lieder
(bw 2224)

Hans-Joachim Hinrichsen
Bruckners Sinfonien
(bw 2225)

Thomas Kabisch
Chopins Klaviermusik
(bw 2227)

Hanspeter Krellmann
Griegs lyrische Klavierstücke
(bw 2216)

Dorothea Schröder
Georg Friedrich Händel
(bw 2453)

Claus Bockmaier
Händels Oratorien
(bw 2215)

Arnold Werner-Jensen
Joseph Haydn
(bw 2468)

Gottfried Scholz
Haydns Oratorien
(bw 2217)

Michael Walter
Haydns Sinfonien
(bw 2213)

Georg Feder
Haydns Streichquartette
(bw 2203)

Christoph Kammertöns
Das Klavier
Instrument und Musik
(bw 2752)

Wolfgang Dömling
Franz Liszt
(bw 2711)

Ulrich Müller
Andrew Lloyd Webbers Musicals
(bw 2214)

Constantin Floros
Gustav Mahler
(bw 2489)

Peter Revers
Mahlers Sinfonien
(bw 2228)

Andreas Eichhorn
Felix Mendelssohn Bartholdy
(bw 2449)

Gernot Gruber
Wolfgang Amadeus Mozart
(bw 2376)

Marius Flothuis
Mozarts Klavierkonzerte
(bw 2201)

Siegfried Mauser
Mozarts Klaviersonaten
(bw 2223)

Manfred Hermann Schmid
Mozarts Opern
(bw 2218)

Marius Flothuis
Mozarts Streichquartette
(bw 2204)

Hans Maier
Die Orgel
(bw 2794)

Gerd Uecker
Puccinis Opern
(bw 2226)

Siegfried Schmalzriedt
Ravels Klaviermusik
(bw 2210)

Peter Wicke
Rock und Pop
(bw 2739)

ans-Joachim
inrichsen
ranz Schubert
w 2725)

mar Budde
chuberts
iederzyklen
w 2207)

rnfried Edler
obert Schumann
w 2474)

Martin Demmler
chumanns
infonien
w 2211)

oachim Brügge
ean Sibelius
w 2219)

aurenz Lütteken
Richard Strauss.
Die Opern
w 2222)

Dorothea
edepenning
Peter Tschaikowsky
w 2855)

Anselm Gerhard
Giuseppe Verdi
w 2754)

Sabine
Henze-Döhring
Verdis Opern
(bw 2221)

Egon Voss
Richard Wagner
(bw 2766)

Sven Friedrich
Richard Wagners
Opern
(bw 2220)

WISSEN
C.H.BECK
Thomas Kabisch
CHOPINS
KLAVIERMUSIK

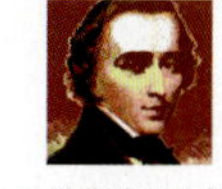

Ein musikalischer Werkführer

WISSEN
C.H.BECK
Peter Revers
MAHLERS
SINFONIEN

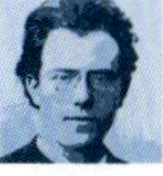

Ein musikalischer Werkführer

Wilhelm Feuerlein
Alkoholismus
(bw 2033)

Hans-Uwe Simon
Asthma
(bw 2095)

Ingeborg Hedderich
Burnout
(bw 2465)

Hans Förstl
Alzheimer und Demenz
(bw 2923)

Rudhard Klaus Müller
Doping
(bw 2345)

Hansjörg Schneble
Epilepsie
(bw 2047)

Ulrich Cuntz
Andreas Hillert
Eßstörungen
(bw 2087)

Hans Markowitsch
Das Gedächtnis
(bw 2460)

Friedrich Strian
Das Herz
(bw 2098)

Franzis Preckel
Tanja Gabriele Baudson
Hochbegabung
(bw 2786)

Stefan Kaufmann
Impfen
(bw 2925)

Joachim Funke
Bianca Vaterrodt
Was ist Intelligenz?
(bw 2088)

Karl-Heinz Leven
Geschichte der Medizin
(bw 2452)

Matthias Keidel
Migräne
(bw 2408)

Michael Wirsching
Paar- und Familientherapie
(bw 2361)

Jörg Hacker
Pandemien
(bw 2917)

Rolf Reber
Psychologie
(bw 2924)

Otto Benkert
Psychopharmaka
(bw 2013)

Michael Wirsching
Psychotherapie
(bw 2119)

Thomas Köhler
Rauschdrogen
(bw 2445)

Rebecca Böhme
Resilienz
(bw 2895)

Heinz Häfner
Schizophrenie
(bw 2497)

Joachim Röschke
Klaus Mann
Schlaf und Schlafstörungen
(bw 2089)

Jürgen Dittmann
Der Spracherwerb des Kindes
(bw 2300)

Thomas Bronisch
Der Suizid
(bw 2006)

Nando Belardi
Supervision und Coaching
(bw 2157)

Paul U. Unschuld
Traditionelle Chinesische Medizin
(bw 2796)

Wolfgang Mertens
Traum und Traumdeutung
(bw 2117)

ndreas Maercker
rauma und Trauma-
olgestörungen
ow 2863)

laus Leitzmann
'eganismus
ow 2885)

laus Leitzmann
'egetarismus
ow 2176)

usanne Modrow
'iren
bw 2177)

Hans Konrad
Biesalski
/itamine
bw 2060)

/anamali Gunturu
'oga
(bw 2915)

Otto Benkert
Martina
Lenzen-Schulte
Zwangskrankheiten
(bw 2066)

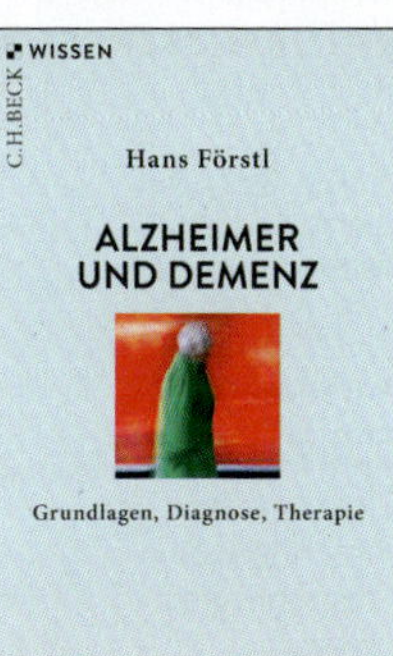

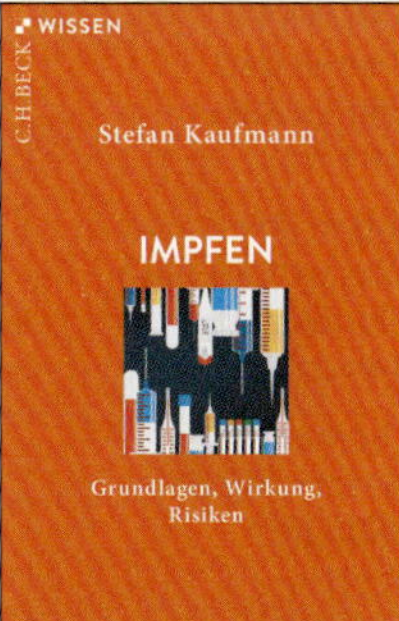

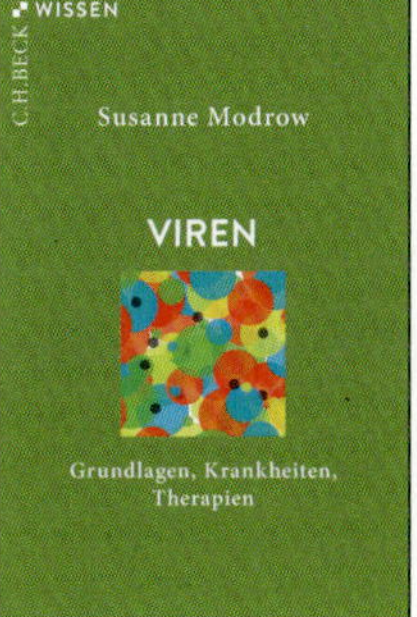

Walter Kirchner
Die Ameisen
(bw 2152)

Dieter B. Herrmann
Antimaterie
(bw 2104)

Christian von Hirschhausen
Atomenergie
(bw 2944)

Karl Weiß
Bienen und Bienenvölker
(bw 2067)

Bruno Streit
Was ist Biodiversität?
(bw 2417)

Thomas Junker
Geschichte der Biologie
(bw 2334)

Werner Nachtigall
Bionik
Lernen von der Natur
(bw 2436)

Angela Schuh
Biowetter
Wie das Wetter unsere Gesundheit beeinflusst
(bw 2416)

Sibylle Anderl
Dunkle Materie
(bw 2934)

Hubert Goenner
Albert Einstein
(bw 2839)

Hubert Goenner
Einsteins Relativitätstheorien
(bw 2069)

Peter Hennicke
Manfred Fischedick
Erneuerbare Energien
(bw 2412)

Thomas Junker
Die Evolution des Menschen
(bw 2409)

Albrecht Beutelspacher
Geheimsprachen und Kryptographie
(bw 2071)

Hartmut Grote
Gravitationswellen
(bw 2879)

Klaus Honomichl
Insekten
(bw 2048)

Heinrich Zankl
Von der Keimzelle zum Individuum
Biologie der Schwangerschaft (bw 2149)

Stefan Rahmstorf
Hans-Joachim Schellnhuber
Der Klimawandel
(bw 2366)

Manuela Lenzen
Künstliche Intelligenz
(bw 2904)

Thomas Walther
Herbert Walther
Was ist Licht?
(bw 2122)

Siegmund Brandt
Geschichte der modernen Physik
(bw 2723)

Georg Schön
Pilze
(bw 2360)

Dieter Hoffmann
Max Planck
(bw 2442)

Gert-Ludwig Ingold
Quantentheorie
(bw 2186)

Günter Siefarth
Geschichte der Raumfahrt
(bw 2153)

Franz M. Wuketits
Was ist Soziobiologie?
(bw 2199)

Helmuth Schneider
Geschichte der antiken Technik
(bw 2432)

Marcus Popplow
Technik im Mittelalter
(bw 2482)

Linda Maria Koldau
Tsunamis
(bw 2770)

Hans-Joachim Blome
Harald Zaun
Der Urknall
(bw 2337)

Albrecht Beutelspacher
Zahlen
(bw 2751)

A

B

C

D

K

L

M

N

O

P

Q

R

S